Новая кніга Андрэя Бурсава атрымалася шакавальным, неапісальнай прыгажосьці зоркападам на даляглядзе беларускай літаратуры. Паэт, перакладнік, мастак і знаўца моваў ставіць пад сумнеў асновы і наркамаўкі, і тарашкевіцы, і прапануе ўласны мудрагелісты і эстэтычны правапіс, які лёгкім дотыкам чараўніка абуджае старабеларускую мову.

Дзякуючы таленту паэта ў XXI стагодзьдзі працягваецца традыцыя „заразумнай мовы", неверагодныя моўныя і зьмястоўныя сузор'і якой мы знойдзем у тэкстах Льюіса Кэрала, Хвёдара Салагуба, Вацлава Ластоўскага, Веліміра Хлебнікава, паэтаў-футурыстаў і дадаістаў.

Дадушы, нічога падобнага дасюль у беларускай літаратуты не зьяўлялася.

Уладзіслаў Гарбацкі

Андрэй Бурсаў — паэт, перакладнік, мастак і фатограф. Аўтар двух зборнікаў паэзіі і перакладаў: „Дзівін" (2002) і „Празьнеб'е" (2009). Жыве і творыць у Менску.

Андрэй Бурсаў

Сонм-Трава
(граняслоўі)

Андрэй Бурсаў

Сонм траваў

Андрęї Бурсаў
Сонм-Трава
(граняслоўї)

Andreï Bursaŭ
Sonm-Trava
(grainingstoves)

З захаваньнем аўтарскага правапісу:
ę = э [e];
ïo, ö, ьo, ë = ё [jo] ці/і [io];
ȋ = йі [ji];
ï = й [j];
ǫ = [o] не пад націскам;
ф = [хв].

SKARYNA PRESS
London, UK
2025

Рэдактар Уладзіслаў Гарбацкі
Тэхнічны рэдактар Данатас Акманавічус
Дызайн вокладкі Андрэй Бурсаў

ISBN 978-1-915601-62-9

Copyright © 2025, Андрэй Бурсаў
Copyright © 2025, Skaryna Press

*Па пысцы б'е нас перавясла,
але жыцьцё яшчэ ня згасла!*

Зьмест

Разьдзелы

I. Дзівін / Dzívin	19
II. Празьнеб'е / Praźniebïe	97
III. Пазалкі / Puzzle Key	133
IV. Annex	169

Граняслоўі

Агоньчык	144
Адноїчы	107
Акропнасьць	146
Алітка́	110
Алё?	141
АН	25
Ане́г	112
Ао̦ніды	156
Арт_абстрэ̦л	137
Асіповіцы	126
АСП	71
Астрэ̦нец	131
Асячэ̦ньне	154
Аўгінь	70
Бабулькі	57
Базылішак	22
Без	77
Белы	43
Белыя кроплі	68
Бэз арапскі	99
Бісер	125
Блакітны сьнег	119

Блендамэ́д тваїго каханьня	122
Блохі	64
Бога	139
Больш чым ніколі	111
Большасьць людзей...	142
Бурнос	54
Бус	36
Бусел	58
Бываі!	56
Быльлїо	31
Бязсе́нсіца	113
Валь	50
Вандроўнік	29
Варажбіт	95
Вачыма	31
ВБР	93
Вельля	155
Вецер хоча паліць	42
Відасон	143
Вогір	108
Вогнік	130
Вотмут	152
Высьціґі	156
Вялікі Князь	128
Вятрыска	28
Галт	95
Гар(р)ота	138
Гéнька	72
Гіякінт	23
Гмур	167
Горад Ба́рсаў	48
Горад сноў	104
Гяню́к	69
Даїма́	24
Джалка	47
Дзе-небудзь на...	39
Дзіва сіл	157
Дре́вы	108
Дудзьдзїо	21

Ежы	67
Жала сыпеў	82
Жывое сэрца	27
Жыцьцё на памяць	135
Забі яго!	89
Забор крові	152
Закутак	42
Замак новых пакутаў / Jaunmoku	60
Замак старых пакутаў / Vecmoku	60
Запалка	118
Зарні́х	138
Зачыніліся дзьверы...	150
Збоі	139
Зваліцца	79
Званок	81
Зводы	144
Здаган	91
Зіма	92
Злодзеі	53
Змара́гд	103
Знадвор'е ў...	27
Знак?	33
Зпокі	113
Зрэнка	41
Зьлепкі	32
Зьмітра	68
і і	84
Їоўбала	70
Ізбор	135
Ікаўка	57
Імпат	136
Ірваныя сувязі	134
Іршáвы	98
Калгасьнік рэжа	53
Калі сьпіцьо	20
Каліб	64
Калюмны	89
Каме́ннае неба	127

Камянецкі Стоўп	38
Камяні	66
Кантрабас	129
Каркадэ	124
Карункі	26
Ка́ры	62
Кастры́нкі джа́мбы...	105
Касьцёр	59
Каўнер	74
Квітнеюць зрэзаныя кветкі	134
Кіі	35
Кішэнны дождж	126
К-к-крыш	82
Клён	61
Кменны Княжыч	109
Колы	48
Косьць	136
Краіна вечнай чорнай х(м)ары	149
Краказяблік	116
Крозь	117
Кроплі	30
Кроў і глітар	154
Кудроў	86
Лёт	63
Лік від	87
Лілея	33
Ліхтар жыцьця	78
Лёзная ка́рта	153
Лужынамі	55
Любызьнік	103
Лю-лё-ля	68
Люстэркавыя дзьверы	121
Лякс	106
Лямбоі	92
Мабыць неба...	59
Маланкамі	90
Маркотны	28
мАРНАвіТа	86
Мары Мурэны	119

Máрыва	158
Мінéцца жáрсьці...	158
Міракль аб мімозе	127
Мне	65
Мужчына ехаў...	110
Мухі	39
На жаль...	150
Нактурны	25
Напамінкі	102
Наперсьнік	101
Не разставаіцеся...	70
Неба	81
Небакольле	122
Небаслоў	147
Немань	139
Непатрэбнасьці	48
Ніколі зашмат	109
Ніхто	41
Ніхто не...	105
Ніц	91
Ногі спакусу...	131
Ноч	22
Нурá	52
Ня вартае...	69
Ня π	31
Нявінныя ня...	85
Нясьпелыя словы	145
Па звычцы...	71
Па сьценцы...	110
Пакоі	47
Паленьні	58
Палка	23
Пáра	79
Пахопны	99
Першаклад	107
Піїт	80
Пілігрымы ненароджаных ідęі	115
Плоіму	37
Порсьць	112

Пробыт	148
Проф	45
Проша!	45
Прыгожнік	140
Пытальнік	34
Пярун	44
Разьвітаньне	59
Разьдзёрты	75
Руж	47
Рыдва́н	104
Рэве́нь	78
Рэха	123
Саскі	55
Сёлета	84
Сіняя пашча...	72
Скам	105
Слухаць званкі...	95
Сноў	83
Сома	125
Сор'я Мор'я	63
Спагончывая выспа дэ Керглѐн	146
Спаміж	26
Срѐбрам	43
Стар-ры	116
СТОграмы	142
Стрэлка	44
Струмкар	87
Сьвечкі	52
Сьмелы вецер	98
Сьнѐжн	148
Сьціслых сэ́рцаў крэ́мень	111
Т	62
Таіна я	88
ТАЯ	86
Твае шэпты...	45
Тваім–маім	34
Тварык	54
Ткале́	106
Тоеж	36

Труба	94
Труне	77
Трызьнілі съвечы...	130
Тс...	129
Туды дзе...	102
Тýжба	155
Тыкéля	37
Тымоїадзін	73
У тэлевізар...	108
Убрýс-Ураборас	151
Умалїог	145
Ўсїо	65
Фантазма	84
Фарбы песьні	21
Хамэлявон	51
Хвашыст	120
Хвілін	71
Цалаваць сябе...	121
Царалень	49
Царноч	24
Цацка	51
Целаў	32
Цёмначы	104
Цęгла	120
Ці ведаў...	73
Цябе зьядуць...	118
Цягнік	66
Чакалі дні...	114
Чара	41
Чырвань Камунаркі	123
Ш+	76
Шархýбэль	20
Шаша	46
Шклáныя кветкі...	131
Шлюбаваньне	50
Шмат	53
Шпацырýлька	149
[шу:п]	69
Шчанюк	119

Шыдар	101
Юзьнік	94
Я калісьці...	32
Я крывавы...	100
Ябры́	56
Ягоная і мая	85
Як сінайскі...	22
Янгол	80
Anthem for Hymn	77
Aprior	63
Arbor Vitæ	65
Athenæum	61
Beau monde	76
Brujo	121
C'est du réchauffé	172
Сеzзоны w vъади	74
Chanticleer	73
Chrysanthemum of King	175
ERO194G5	124
He Coos So Sweet	173
I did...	171
Ich	33
Ilga	46
I'm a Street	171
I'm suffering...	175
Jāny	49
Jim	93
Jūra	117
L'Anterna	39
Love and Sacrifice	174
Mailer-Dæmon	150
Net	143
Ni Hua	147
NYC	43
N.33	137
Ode 2 My Pig	170
Phoneman	170
Show	72

Street Spirit [Fade Out]	35
Sunday People	177
The Wind Only Wants to Pipe	173
T(R)Y	75
Volesoong Saga	176
Wanna	88
Wardā	151
Will you...	172

2 ночы	34
3	90
7	115
16	67
16.10	140
20	30
22	102

????	29
+	58
!!!!	83
¡Здароў!	100

Пераклады

Arthur Rimbaud – Le dormeur du val	162
Арцюр Рэмбо – Заснýлы ў лагчыне	163
Eižens Vēveris	166
Эйжэн Вęвэрыс – Эпітафіі	166
Ernst Jandl – Schtzngrmm	164
Эрнст Яндль – Аоыіэяя	165
Jimmy Scott – Sycamore Trees	161
Джымі Скот – Сікаморы	161
Luis de Góngora y Argote	160
Луîс дэ Гонгара-і-Арготэ	160
Wace	159
Вас	159
William Blake	167
Вільям Блęік	167

*Шляхі, гасьцінцы і дарогі
нам невядомым трактам б'юцца ў ногі...*

Паэт мусіць не паддавацца роспачы, а знайсьці супрацьядзьдзе пу́стасьці існаваньня. Трэцяя кніга граняслоўяў Андрэя Бурсава „Сонм-Трава" складаецца зь некалькіх частак. У першых двух разьдзелах чытач знойдзе вершы, якія ўжо выходзілі ў папярэдніх кнігах аўтара: „Дзівін" (2002 г.) і „Празьнéб'е" (2009 г.). Новыя творы, якія нідзе дагэтуль не друкаваліся, а таксама пераклады, знаходзяцца ў разьдзеле „Па́залкі". У дадатку („Annex") – вершы аўтара на ангельскае мове. Агніста-дымная малюнкавасьць літаратурных вынаходак выглядае як анталя́жыкі гукаў і сэ́нсаў, жужу́лачкі словаў і адчуваньняў, ігры́шчы ўражаньняў і думак. Чалавеку ўласьціва гуляць з самага свайго нараджэньня. Дзеці гуляюцца ў пясочніцы, дарослыя – у в'офісах. Малы́я граюць з цацкамі, вялікія – з сэрцамі людзей. Ігры і „малышкоў" і „бальшуноў" аб'ядноўвае тое, што звычайна правілы гульні выдумляе хтосьці іншы. Адметнасьць мастацкае творчасьці ў тым, што яна ня мае аніякіх законаў – чытачы самі шукаюць шляхоў да спасьціжэньня творчае зьявы і менавіта таму знаходзяць у ёй толькі свае ўласныя процітру́ты э к з і с т э н ц ы я н а л ь н а л і с ц к і т ы ч н ы м пустэ́чам.

жыцьціо як віделец
дзень як лыжка
ноч як нож
съмерць як кніжка

Дзівін

Dzivin

струпянелыя вочы
на вінке́ль азыза́лі
да драсёна ахвочы
заштурхоўваў я іх

спакваля́ надакучыў
рэсьніча́сты абсорбэр
і на хустку са шля́кам
рыпс пачаў я шпуляць

вось адзін вірлавокі
пакалу́паны моцна
каптэна́рмус схапіў
і сасьцёбваць пачаў

як рупліўы пясту́н
я жадаў прылашчы́цца
але быў прыгаблі́ёван'
рэлятыўны панцёр

трę' было паднапя́цца
воўнамыйку пахрумстаць
андара́к чвякану́ць
але я рачкава́ў

а на тыя шчамлїёткі
дęбітор гугняваты
узвалок гуміля́кі
і эбуліяскоп

ШАРХУ́БЭЛЬ (1995)

калі сьпіцьо і ў думках ціша
і вы ляжыце на сьпіне́
дык зачыняйце рот і вушы
ноўды хто-небудзь запаўзе

(1996)

ці варта біцца галавою
у што перамагчы ня здольны
навошта ўзрушываць пакуты
ўсїо роўна ты ня будзеш вольны

нашто трызьня́ і слоў спакуса
ды вільгацьцїо нэрвовых клетак
ты ведаї – мчаць ужо часіны
шукаць дудзьдзїо каханьня кветак

жыцьцїо якое проїдзе тут
ўсїо ж не пазбавіцца пытаньня
чаму ж ня зьведаў я тады
тых хто знаў кошт выратаваньня

усіх хто ведаў дзе яно
ня зноїдзеш побач ты з сабою
таму жаданьняў успамін
заўсїоды будзе жыць маною

ДУДЗЬДЗЇО (1996)

адчыніліся вочы
ўсюдыіснага Смутка
запяяла Нудота
і таму так балютка

фарбы песьні журботнаї
нікавеюць паволі
рэшткі цёплаї Самоты
гімн пяюць мне аб волі

разам зь імі і сэрца
запаволіць хаду
я павінен забыцца
але ўсїо ж не магу

ФАРБЫ ПЕСЬНІ (1996)

на́дзіцца ноч у в'акудны затулак
у юрнаі асоцы шукае прытулак
вабіць амяга абнімам маркоту
і зікры даткліва скумацяць самоту

слушна злуюцца ў бажанаі сласноце
згаршэньня ня зноідзеш у тоі адзіноце
ха́лепа сыдзе – хлусьня застанецца
блазнота – хаўрусьнік калі ён прачнецца

пры́мрак прынадзен калі ён патрэ̨бны
нікога няма бо ўсе словы ганебны
тоскна і млосна – няма з кім сварыцца
абноч ноч жадае табою змусьціцца

НОЧ (1996)

я пяю хваласьпеў тваіоі прыгажосьці
вытыргаю атропкі і могілак косьці
я ня ведаю дзе ты як пры чым і калі
я сабетнік на рочак – ты ж сабечнік заўжды
прыкляка́ю жадаю і жлабчу́ ягадвік
ты ўвагнаў мне на кохну базылішкавы цьвік
прадчуцьціо мельканэ дзе памкненьні ірдзяцца
мне імецца да істы б жадаў заляцацца
на цьвінтарнае пньоўе я б жаданьні паклаў
бо брыжма́ апантанеі нікалі не лакнаў

БАЗЫЛІШАК (1996)

як сінаіскі рыбак я шукаю рыдліоўкі
і вачыма раблю зь цябе замаліоўкі
я маўчу бо я ведаю дзе адказы жывуць
там адно толькі думкі апіöны ліюць

(1997)

палка мігцяць карунды
і ўпотаі злотнік працуе
водзяць дзяды каляды
ды толькі юрным шанцуе

лучна каменьні злучае
адзін д'аднаго ў напін
тоскнасьць у баках зьбірае
ўсіх сьлёзаў парны бурштын

шукае сваю здаваленьне
ясьпіс дзе ёсьць вітуніца
а злотнік яго на працу
муляр ня мусіць спыніцца

ПАЛКА (1996)

спаміж мужчынскім „так" і „не"
ператварыўся ў дыск
душою загавеўся ўжо
я мерам абэліск

зэфір мяне западабаў
прасоўвываць іголкі
я спрабаваў усю жыцьцю
мясені зьбіў на зёлкі

ня ўнікнуў дыску небарака
я на галоў камусьці паў
лабатнік тоі заўжды набраклы
хлапец такога не чакаў

і вось уночы нечакана
пераўтварыўся ў кветку ён
ягоїсьці павіткі парушыў
а я ня дыск – я відасон

ГІЯКІНТ (1998)

зачыніліся дзьверы
з-за іх ня чутна сьвятла
як сіпа́г між вушамі
ў вачох хапае бяльма

у валынцы ня зноідзе
ратунку слодычны чмель
прымарокаў каханак
тут вохшчыць сіні друмель

ліхтары засьпявалі
яму пра погляд труса́
і ў змаганьні са сьмерцю
вады́ аджаліць аса

бо як зь ім ні змагайся
усіх адолее ён
прымарокаў каханку
ізноў выносяць праклён

але вусьцішнасьць сыдзе
за дзьверы поідзе Царноч
і ніхто не пабачыць
да чаго каханак ахвоч

ЦАРНОЧ

(1996)

на апошні паверх ідзе мокры дождж
з вушэ́і і ноздраў паўзе жоўты хвошч
а шаснаццата́і ночы адчыні лязо вачэ́і
хаі сьпякотныя зубы жадаюць людзеі

ветразі ззаду бойка за навальніцу
сярэднія надзеі псуюць усю спадніцу
на лесьвіцы сонца спаміж ім Даіма́
размова пра жыцьціо якога ўжо няма

ДАЇМА́

(1996)

найлепшыя часіны я баўлю час адзін
і лепшы падарунак аб гэтым напамін
у грукаце спакою і цемрадзі ўсіх слоў
ў нактурных пацалунках ад сутнасьці званкоў

дзе чорныя аб рысы раз маляваны твар
дзе блікі цыгарэты выбітнейшаі з пачвар
калі ўсяго няма і ў тоі жа момант ёсьць
калі ўладарыць тоі хто мае ў сэрцы поўсьць

памножаныя рухі на розьніцу ідэі
слабеішы вінен тым хто ўсіх заўжды слабеі
ад соткі хваляваньняў ня варты перамог
і ваяры жывыя і не забіты цмок

НАКТУРНЫ (1996)

твоі дзень народзінаў надыдзе
але туды дзе ты жывеш
праз занавесу тваіх словаў
ніводнаі думкаі не зірнеш

ты мне пакінуў толькі стрычкі
мяне біндáлік стрыганé
стрынгалявáтая ашýга
сабою ў строі твоі апране

з гасьцеі калі хто што заўважыць
разгледзіць выкрые падман
нікому гэтага ня скажа
бо ператворыцца на збан

і як заўжды ў пустым пакоі
сярод разьбітых стаўбункоў
люстэрку пагляджу на вочы
я распранаюся ўдакон

АН (1998)

спаміж барвенкаў ціхіх сноў
заспадабаўшы дрэваў цень
ў сьвятле пазорных ліхтароў
ляжаў дзяцюк што дзіўны сьцень

ў руцэ міргала зырка сьвечка
як мятлікі сьпявалі думкі
ноч зачыніла вечкай дзень
на бусьнях сьцёрла ўсе малюнкі

ён спачываў сьвярбеў агонь
нехта паклаў на грудзі трэску
дрымотнік сьціснула далонь
ягоны твар сьвяжэі за фрэску

напэўна спаў ён бачыў сны
здавалася ня дыхаў нават
а ведзьмакі і сьвятары
вакол яго рабілі сабат

СПАМІЖ (1997)

пакоі нікога курна ціш
у сьвечнік курацца запалкі
я сьціснуў розум я лічу
я сэрца рэжу на кавалкі

затым усім каго кахаў
дашлюць па пошце мяккі клунак
спадзеў я маю сэрца кус
для іх найлепшы мой дарунак

а дух душа астанак мой
надзеі погляды і думкі
ў якіх нічога больш няма
хай зь іх павук спляце карункі

КАРУНКІ (1997)

у запляваным пераходзе
дзе ўсе сьпяшаюцца ў мэтро
дзе лямпачкі заўжды сьляпыя
і прадаюць адно друхло

у наісьмярдзючым закутку
з гандляркамі цыгар ды кветак
мне свой тавар прапанаваў
напаўжывы п'яны́ падлетак

ён не жадаў ніякіх грошай
усіо што мне хацеў сказаць
каб я забраў ягону торбу
і здолеў дома захаваць

хлапец памёр – у хаце каістру
я адчыніў і ўбачыў ў ёй
жывое сэ́рца ў скрынцы зь векам
на шкло кіда́лася крывёй

сьпяшаецца жыцьцё ў нябыт
і я стары́ – трэ' ўжо сыходзіць
але ў куфэ́рку як раней
жывое сэ́рца карагодзіць

Дык хто ж ён быў? Зь якой нагоды
ён сэрца мне сваё аддаў?
гадоў мо' дзьвесьце ў дамавіне
адказаў марна я шукаў

ЖЫВОЕ СЭ́РЦА (1997)

знадвор'е ў в'абоймы зьбірае мяне
зьнянацку ахутвае чорным сьвятлом
12 прыціснула часу хада
і розум адкрочыў нябачным віном

(1997)

ў надзеіным надвячорку
дзе ўсіо жыве як трэба
ты Чорнае Вятрыска
сьпяшаесься на неба

ў в'аблоках шчырных песьціш
там шлях скупых гадзінаў
у дросных людзях бачыш
адно што згустак кпінаў

з табоі заўсіоды карціць
мне быць у пастцы разам
я веру стрэмкаў з думкаў
пазбавісься ты з часам

ВЯТРЫСКА (1997)

сьвятло несапраўдных сонцаў
ў завулку маркотным імжыць
нехта крочыць насустрач
за ім яго цень бяжыць

хістае моі подых вецьце
сустрэцца тут з кімсьці сюрпрыз
он мяне іґнаруе
ідзе галавою ўніз

бліжэі да яго хілюся
я чую ў грудзіох неспакоі
„Восъ дзе вецер сьцюдзіоны!"
мяне адагнаў рукоі

у неікі пад'езд зашыўся
замерзлы здранцьвелы дзяцюк
цень за мною ляціць каб
зьбіраць на паліох аўсюк

МАРКОТНЫ (1997)

ўсїо скончылася раптоўна
ніхто не пасьпеў заўважыць
зьніклі ї усьмешкі і лїосы
ня прыїдзецца болеї бачыць

Куды ўсїо паїшло Навошта
Ці варта варту шукаць
Мо' трэ́ба їсьці далеї
і новыя гукі гукаць

А можа мажлівасьць адужаць
Напеўна пеўна пінаць
Здаецца зданям зьесьці
Надзеїна надзею схаваць

???? (1997)

у парку дзе ляціць Максіме
ды цені ў какаты́ сіга́юць
дзе БээНэФаўцы калюмнаї
штосьвята мары праваджаюць

мы залюляліся ў в'алею
мы скорбнуліся на раку
мы ні аб чым паразважалі
ў рукох сьціскаючы нуду

а ля Траецкіх мурасховаў
Вандроўнік Чорных Турбаноў
їшоў їмжэў їмкнуўся крочыў
але нікуды не сышоў

з пытальнікам маїх разваг̣аў
+ з клічнікам турбот сваїх
Вандроўнік зьліўся з важкаї сьценкаї
і кінуў нам надзеяў блік

ВАНДРОЎНІК (1999)

у пакоі няма ні сьвятла ні паветра
нас 20 – мы ўсе кагосьці чакалі
ды раптоўна над намі адчыніліся вокны
Ты зьявіўся і ўсе псальмы засьпявалі

я ўсїо бачыў – як Ты забіраў да сябе іх
у в'абдымках надзеіна даваў ратаваньня
вечар кожны адзін з дваццаці не вяртаўся
ўсе лічылі Цябе ўвасабленьнем каханьня

там я мроїў аб тым каб быць разам з Табою
Твае вочы мяне не жадалі заўважыць
Ты заўсїоды глядзеў на таго хто быў побач
я малітвы чытаў каб Цябе не зьняважыць

у в'апошнюю ноч я застаўся адзіны
Ты ўзяў ў рукі мяне і запáльнічкаі цьвіркнуў
тры хвіліны я жыў я лятаў і я дыхаў
я наїўна лічыў што ніколі ня зьнікну

пачак скончыўся – больш цыгарэтаў ня будзе
надышоў час для іншых паверыць у мары
і хоць зьзяюць усюды залішнія думкі
хаі забоіцы ня знойдуць чаканаі ахвяры

20 (1997)

кропкі згарэлі адна праз адну
чырвоныя кроплі зьніклі раптоўна
полымя сьлізка глытае сьліну
і ўсюды усе сьпяваюць чароўна

вынесьлі кветкі – спакою няма
бо нехта сіпіць „*Ня тое! Тры дозы!*"
подых спыніўся – мая галава
вачыма хапае даўкія сьлёзы

КРОПЛІ (1997)

ня пі вады з далоняў гэтых
ня лашчы барады і твару
калі адрамантуеш вочы
ты не пабачыш зноў пачвару

бо ў момант тоі усїо адыдзе
а ты пазбавісься мяне
ня здольны больш ні піць ні лашчыць
ты будзеш жыць аднымі „не"

хрумстаць у думках туманáмі
счарсьцьвелым сьнегам і лістотаї
ніколі гэтага ня будзе
ты чалавечая їстота

НЯ π   (1997)

нічога больш ужо ня будзе
бо аніколі ї не было
і сьцежкі ўсе дзе мы блукалі
паела жоўклае быльлїо

тады паіду ўздыхну паклічу
наклічу выклічу сыду
ніколі больш нідзе нікому
нікуды сюды не прыйду

БЫЛЬЛЇО   (1997)

я бачу сусьвет бы вачыма травы
я чую падэшвы трымаюць яны
їх дрыжыкі мне мілуюць павекі
сьліною цяку ў їх росныя рęкі
цурбалкі валос казытаюць зямлю
і калі гэта ёсьць я цябе не люблю

ВАЧЫМА   (1999)

калі ты дотыкам сваім
нагамі глебу калыхаеш
жыцьцïо на кветкі аддаеш
ды на мяне не заўважаеш

я адчуваю подых твой
глытаю кожнае імгненьне
мне мрояцца ня роі мрой
а губаў стрыманых zip'еньне

я не разьлічваю але
нябачных целаў пацалунак
заўсïоды б'ецца ў галаве
і толькі гэта мой ратунак

ЦЕЛАЎ (1997)

усе спробы заганны як дыбелыя веткі
мае быць я паганы – унутры толькі зьлепкі
другарадныя ільдзіны трэцьцявартасны сьнег
з-за цябе тыя кпіны пастарункавы зьбег

і абставінаў прымус памылковыя спробы
я кахаю цябе бо табе хоць бы што бы
бо на словах валечнасьць бо цябе не няма
бо ізноўку пабачыць ёсьць магчымасьць Вось Я

ЗЬЛЕПКІ (1997)

я калісьці быў апошні
ты напэўна быў патрэбны
хутка буду я залішні
засьпяваеш ты хвалебны

(1997)

мы моўчкі ішлі на вуліцы бо клею не было
размовы скотч ня ладзіў нічога не цякло
ня чулі і ня слухалі ня бачылі з усіх
нікога н'існавала і нават нас самiх

ICH (1997)

ёсьць толькі некалькі дзьвярэі
якія нельга н'адчыніць
уздоўж крывога калідора
каля балясін ён ляжыць

калі нідзе не атрымаў
лілею зь лікам Люідора
вяртайся і спрабуй знайсьці
шчылінку ў дзьверах тых нанова

яму ня трэба нашых жыцьцяў
бо ён і так ужо жывы
даніны ён зьбіраць стаміўся
знайсьці манетку вінен ты

ЛІЛЕЯ (1997)

рукі са скуры зморшчаны пальцы
Вялікі Спаказны Сярэдні Пярсьцяк
Мéзяны зрэзаны ён без патрэбы
маленькі пазнокаць ня зьмерзьне і так

чорныя рукі пальцы на складках
маршчак на далонях кулак-дуля-fuck
Хто іх сьціскае Нашто распранае
Чаму яны разам Каму гэты знак

ЗНАК? (1998)

адзін пытальнік *ты ці я*
са мною побач застанецца
і колькі б косак ні было
ўсё аб працяжнік разаб'ецца

намаляваць кружęлкі кропак
ВЯЛІКІХ літараў *малых*
аб рысах твару пазабыцца
мяне ня будзе сярод іх

ПЫТАЛЬНІК (1998)

тут для мяне ж усюды ж усё адно і тое ж
чаканьні і надзеі спадзеўкі прадчуваньні
адны ж і тыя ж мары думкі чуткі хвалі
вялікія адказы і крохкія пытаньні

усё разоў ужо сто было і так мярзотна
ізноў ізноў ізноў наноў крычаць усім
аб тым што надакучыла дастала і абрыдла
аб тым што ўсё нязьменна ў жыцьці тваім–маім

ТВАІМ–МАІМ (1998)

з-за шкла машыны шмат вачęй
таму сяджу сярод людзей
я кленчу ў іх тых дзьвюх начęй
хадзіць скрозь сьцены шмат дзьвярęй

калі яны не разважаюць
усіх да дома праваджаюць
мне рęгулярна замінаюць
калі закопваць пачынаюць

2 НОЧЫ (1998)

STREET SPIRIT

водар стужкі Акупунктурны час
зоркі граюць Я бачу толькі вас
седзіцé перада мною
вы апошні хто глядзіць кіно

я ня чую ня слухаю але
выпадкова ці можа быць ўва сьне
вы чагосьці мармычыце
вы адзіны хто са мноï даўно

на экране так звыкла CINÉMA
ў залі крэслы Нікога больш няма
Ну чаго вы не крычыце?
Не жадаеце глядзець у твар?

так заўсïоды З усіх бакоў сьвятло
вы памерлі Скрозь сьвідравіны дно
Дык чаму тады ж усюды
кожны раз я бачу толькі вас?

Што вам трэба? Чаму ізноўку я?
Шмат каштуюць пігулкі забыцьця?
добры дрэнны і цікавы
нецікавы без субцітраў фільм

[FADE OUT]

(1998)

кажуць ня трэба шукаць анікога
бо ў тым што было аніхто не жыве
я не жадаю выходзіць зь мінулага
я буду адзіны каго праглыне
жыцьцяў хада – хаï мяне ўсе забудуць
няхаï ўсе жывуць нэасёньняшнім днём
ня вельмі істотна калі ты шчасьлівы
хто цябе збочыць – Час ці ўсïо ж Ён

КÏ

(1997)

мы вельмі падобны адзін д'аднаго
асфальт прагінаем аднолькава
у нас нават вочы колеру серы
на сьвет пазяхаюць юдолькава

мы побач заўсїоды і разам заўжды
даспадобы адное і тое ж
на справе самої як і ўсіх нас няма
але гэтага ўжо не утоіш

ТОЕЖ (1998)

па шэрай шашы на чорныя ночы
аўтобус імчыцца на жоўтым сьвятле
нікога няма – кіроўцы ня бачна
адзін толькі ты на зашклїоным вакне

навокал замёты і зáмець вагýе
бахýр-валачáі падымаеш манкéт
кішонкамі грэеш садкія рукі
ды плачма глядзіш на плюгавы сусьвет

*З каго твая крыўда? Горы падступна
цябе на крынджолках у мора зьнясьлі?
Ці ў белых саянах дýхі зь нябїосаў
загодзь за табою з чамарáі зайшлі?*

ты ведаеш хутка імчыць пажывоцьце
ты дзякуеш скалам за зябы абдым
кірлявыя болкі ўпэўнена бусіш
і ў марным аўтобусе марыш аб тым

як 'мклівая ноч заранкам радзіцца
як колы расплюшчаць павекі ўва сьне
як шэры кіроўца зробіць зупынак
а ты разбудуеш свой млын у сабе

БУС (2000)

абрэзаны абломлены
і зьведзены ў загнет
растуць шкілеты голыя
нікому справы . net

размовы і размоўкі
вядуць паміж сабої
ствалы галіны шуплы
з ахізлаю карої

адчаї нарэзаў карбы
ўсіх іх засмактаваў
і плоїму думак дрэнных
ім зьнечаку нагнаў

ПЛОЇМУ (1998)

мне болеї не патрэбны...
ні раніца ні ноч –
маїо жыцьціо ёсьць содні
яны сыходзяць з воч

я загарнуў у паперкі
прысокі цыгарэт
+ адрасны даведнік
і левы інтэрнэт

ацьмялае чаканьне
ды недакуркі слоў
я змыў у сваїм клязэце
ня-скрогаты званкоў

ўсе рэчы шпарка зьніклі
у вільгацьці ятра
твае тыкеля здымкі
ня выпіла вада

ТЫКÉЛЯ (1999)

па-над вялікаі ручаінаі
з пагардаю на ўвесь натоўп
глядзіць напаўзакрыўшы вочы
паважны Камянецкі Стоўп

пяюць аб долі нешчасьлівай
усе каму сьпявае сьцень
і нават птушкі ў небе сінім
дзівяцца што гэта за пень

у дні вясельляў і гулянак
як і паўсюдна на Палесьсі
здымаюць людзі ўсю адзежу
такімі бегаюць па лесе

у вежы ў сталым Камянцы
царыў Гамора і Садом
аб гэтым навіна такая
да князя прыляцела ў дом

адразу ж на наступны дзень
вялікі князь на коня сеў
і незаўважаным у Стоўп
прабрацца таіна захацеў

у голым стане ноччу ў лесе
магутны князь дарма блукаў
ня ведаў ён аб тым што Стоўп
ад князя хутка ж уцякаў

калі яму ўсё расказалі
дык раззлаваўся строгі князь
віделец зашпульнуў на сьцену
сказаў ён жорстка „Во' дзе мразь!"

КАМЯНЕЦКІ СТОЎП　　　　　　　　　(1998)

аднаногі ліхтар
з напаўвыбітым вокам
зь перабітаі рукоі
і праломленым бокам

абскубелы і гідкі
чэрстваі моваю зьбіты
не адною залеваі
шмат разоў быў заліты

каля цёмных сядзібаў
цёмна ў лужыне спаў
ды на цемрадзі вуліц
сьветла сьвет ліхтараў

L'ANTERNA (1998)

калі атрымаецца так
што я разам
з табою ўвесь дзень праведу
праеду паўсьвету з табою ў машыне
а потым у госьці заіду
так будзе усїо як і ма́е быць з намі
у моі ты ня зоідзеш куток
і мухі з балкона зьлятуцца апоўнач
зрабіці гарбаты глыток

МУХІ (1998)

Дзе-небудзь на наступным тыдні...
Ня ведаю дакладна... Ты ідзі...
Магчыма потым... Можа быць... Наўрад ці...
Сумнеўна неяк... Пазвані...

(1998)

кладуся спаць у ложак
мне мроіцца званок
скубе няспынна ганак
як быццам бы знарок

у дзьверы нехта б'ецца
і кліча „Адчыні!"
я не даю ім веры
крычу „Згубіў ключы!"

праз нейкую сэкунду
ізноў знаёмы грук
"Каго тут чэрці носяць?!
Ў мяне ня сорак рук!"

гляджу ў дзьвярное вочка
з-за шкла відаць брыво
"Каго тут сярод ночы
на хату занясло?!"

шурпатаю рукою
шкрабецца зноў у дзьвер'
шкілет з крывой касою
вялікай на памер

"Адкуль прыйшоў? Навошта?
Што трэба табе тут?" –
"Прыйшоў твой час зьбірацца
у хмарачосны кут!"

страшыдла ўскінуў рукі
і працягнуў касу
"Ў краіну вечнай хмары
цябе я аднясу!

Там будзе шмат пітва
і стос дзівосных спраў!"
шкілет мне пасьміхнуўся
за руку мяне ўзяў

мы зачынілі дзьверы
а выйшлі праз вакно
з таé пары ніколі
ня бачыў нас ніхто

НІХТО (1998)

праз атворыну ў дзьвéрах
я гляджу на пакоі
там на сьценцы чаўхірка
зь яе п'е Антыноі

мітусіцца агеньчык
у ягоных вачох
і крывавая *vodka*
бы стругá па плячох

я калі б нават ведаў
піў бы разам зь ім з чар
бо са мною венц кухаль
у дадатак да мар

ЧАРА (1998)

мне цяжка быць вясёлым па патрэбе
ідзе з/дадому зь дзякуі альбо так
аб нечым разважаць ці часам моўчкі
ды непрыбраны з раніцы бардак
з усімі хто ці рана ці запозна
бо болеі немагчыма весяліць
хто пакідае мне на мыйку посуд
мне надакучыла 'дно ї тое ж піць
імеїлы тэлефоны рукі пісьмы
усіо здаецца ёсьць і ўсіо ж няма
пад коўдру я зьнікаю з галавою
каб зрэнкі больш ня бачылі сьвятла

ЗРЭНКА (1999)

подых ветру лашчыць
белыя пялёсткі
рве з каштанаў сьвечкі
аб зямлю б'е сьлёзкі

на асфальце мокрым
ўсе яны зьбяруцца
у падэшвы ботаў
борзьдзенька заб'юцца

дома каля вокнаў
я здыму абутак
буду есьці кветкі
гледзячы ў закутак

ЗАКУТАК (1998)

ты імжыш над маїой галавою
дзьмеш у ветразь маіх вогкіх сноў
маіх думак чапаеш антэны
і мої помірс зьдзімаеш далоў

пасядзі калі ласка са мною
бач мої зэдлік заўсїоды пусты
прынясі на Вялікдзень цукерак
папарві з майго цела кусты

калі хочаш – я буду дарадцаі
калі не – буду моўчкі ляжаць
пажадаеш – зраблюся вясёлым
загадаеш – я буду бурчаць

а яму ж усїо гэта ня трэба
сыпкі зьмерк не дае моцы жыць
сярод корстаў крыжоў пахаваньняў
ветру хочацца толькі паліць

ВЕЦЕР ХОЧА ПАЛІЦЬ (1998)

ліецца белым срэбрам дождж
аб лісьце дрэў зялёных б'ецца
і ветлым сьмецьцем анягож
пацалаваць цябе імкнецца

ды ноўды хто-небудзь узноў
цябе прагоніць у далечу
ён вымавіць маланкай слоў
"Усіх за гэта пакалечу!"

СРЭБРАМ (2000)

кожнае раніцы бомжавы водар
сьметніца сьмердзіць пад нашым вакном
людзі на працу сьпяшаюцца з ложкаў
я застаюся з сабой ўваднаром

зноў сам з сабою буду імкнуцца
выйсьці з учора забыць на ўспамін
слухаць па сетцы навіны надвор'я
піць белы чай мацярок-гэраін

БЕЛЫ (1998)

кожны вечар на зьмену сьпякотнай нудзе
прыходзяць дажджы і плачуцца мне
парасон мой ламаюць тлумачаць мне сны
ў якіх бурбакі бурбочуць мне ты

кожнай ліквіднай кроплі цякуць па сьпіне
ды баюць мне сказ сабой аб табе
кожны раз у залеву мне карціць пажыць
забыцца на ўсіх і ціхенька ныць

ПУС (1998)

„Як ляцела ў сукротным зьмярканьні
дзе Югася так волка спала
у сутонках шукала таланьня
ды раптоўна цябе я знайшла

твае ўводныя промні схапілі
абвінулі далі мне спадзеў
але сукам сваім жоўтым вокам
праз усіх і на ўсё ты глядзеў

Я ня звоглена Я не забіта
няма скаргаў – жыву як жыла"
Стрэлка словы ў ліхтар прасіпела
і нагамі дадому пайшла

СТРЭЛКА (1998)

ашчадзі мне стралу
даі памацаць твоі лук і калчан
ты мячом ад агню
мяне рэжаш з паветру васпан

Вастрабрамскаі шапчы
ты на думку мне ўзьлез мала дзён
і сьвянцонаі вады
зь неба кідаеш мне наўздагон

саланяцца ў расе
рыскі часу пад росьпіс зімы
я чакаю цябе
бо твае залатыя нажы

усталююць вакно ў
без вакенцаў-дзьвярэі вечны дом
дзе паны без насоў
уначы мяне колюць калом

ПЯРУН (2000)

на могліцы нясу дурныя успаміны
мяргуї ці не мяргуї – мне будзе лепей так
машынка палкане́ чырвоныя паветры
ня будзе больш ніхто мне соўгаць у галаве

там ходнікі бяз крęсу расплюшчаць мае рукі
ў грудзїох папатыха́е апошні цїонг курца
бо шыкаў не жадаю і вомпіць хто што скажа
Злажуся вокам – Проша! У госьці да мярца

ПРОША! (1998)

постаці сялянак ста́туї стату́яў
у палацы жоўтым там на чалах стаяць
гнїонікі і стоды зьверху ўсїої грумадаї
б'юць у ладкі з рęмзы каб неяк выслаўляць

Што Каго Навошта – ведаюць наўрад ці
на каме́нных дошках загады нам блішчаць
спęнду не разгледзець хто тут што набęрсаў
ды ї ніхто ня хоча з-за їх свої зрок псаваць

пęўна так і трęба – сымбалі памерлі
гаркацеча-думка мне не дае сканаць
ведаю дакладна – стодзівы на крушне
найбліжęї да неба па-над людзьмі ляцяць

ПРОФ (1998)

твае шęпты на вуха чакаю
мне здаецца павінен іх чуць
але моўчкі сядзіш не кранаеш
і сябе не жадаеш прачнуць

(1999)

стара́я сядзіба калюмнамі з цэглы
сустрэла пад вечар разбураным ганкам
наўсьцяжныя шыбы сьпявалі нам гімны
кажа́на крыламі да самага ранку

наступнага дня калі зь Перунамі
аблокі маланкі на дрэвы кіда́лі
на лесьвіцы з камня апранутаі мхамі
мне тосты з гарбатаі казкі казалі

зь неікаі нагоды панская дзетка
на шыі каралі зь вяроўкі спляла
бачылі потым як Ілга ў пакоі
белым прывідам пад стольлю плыла

я зьеў свае тосты і выпіў гарбаты
крышталікі солі заўважыў на дне
наўкола ні гуку ні руху ні ветру
і „Es tevi mīlu" чую ў вакне

ILGA (1998)

ў в'аўтобусе чорным па Lost Highway едзем
і му́зыка грае – аж вушы баляць
усюды рагочуць і п'юць соду зь віскі
паўночныя людзі ў фатэлях сядзяць

за вокнамі цёмна і зоркі з залеваі
па пыльнаму шклу ручаіны са сьлёз
і з заіздрасьцю Месяц нам зыркае вокам
галінкамі дрэвы суюць да нас нос

ты недзе наперадзе – я штосьці ззаду
ня здарыцца побач нам разам сядзець
але мне ўсїо роўна – ніхто ў маю цемрадзь
ніколі ня здолее так жа глядзець

ШАША (1998)

як белы сьмяротны камарык
я крочу ў тваю цыгарэту
дым з попелам джалкам кранаю
сыходзячы з гэтага сьвету

спыніць сябе моцы ня маю
вось крылцы згарэлі і ножкі
нічога – набуду зноў новых
цыгар сустракаў толькі трошкі

ДЖАЛКА (1998)

мае рукі – жоўтыя сьцены
мае вочы – лямпа са шкла
мае вушы – брудныя ложкі
мае думкі – іх больш няма

маю сэрца – кубачак кавы
мае душы – мокры ручнік
мае грудзі – крэслы са скуры
шэпт кузурак – гэта мой крык

я шчасьлівы бо кожнае ночы
я глытаю твой сон праз вакно
твае мроі ў шуфляды хаваю
з тваім розумам крочу на дно

ПАКОЙ (1998)

мяне зламаюць твае рукі
ня будзе ў хаце болей скрухі
ніхто ня будзе марна дбаць
мяне ў в'абдымках каб трымаць
руж белых прывід я фантом
часова сьметніца мой дом

РУЖ (1999)

ты ўжо дапаліў ты пойдзеш і зьнікнеш
але ж усїо роўна сябе мы пабачым
з акуркам тваім пакладу разам свої я
хаї Brīvība позіркам зьесьць нас кацячым

хаї рукі трымаюць высока тры зоркі
хаї брыдкаї зьлянотаї вып'е ўсе хмары
у Горадзе Бāрсаў зраблюся скульптураї
мяне ты заўсїоды пазнáеш па твары

ГОРАД БĀРСАЎ (1998)

адлюстраваньні парасона
і з ручаїнаў і з-пад трубаў
зыгзыкаватая лістота
малюнак зябкіх ліпкіх губаў

як быццам дождж па кроплі ў кроплю
мне непатрęбнасьці брызгоча
мы бачым ён ужо стаміўся
і больш нікога тут ня хоча

НЕПАТРĘБНАСЬЦІ (1999)

так лёгка колы грукаталі
вы бачылі ня першы сон
ўва сьне вы нешта мармыталі
грудзьмі трымаючы далонь

сьвятло зашкляных ліхтароў
раз-пораз твар ваш мілавала
няма нікога – сьпяць ізноў
а я вам вусны цалавала

КОЛЫ (1999)

лісткі тэлефонаў на дошцы аб'яваў
Вецер пяшчотна ірве языком
надзеі чыесьці апошнія лашчыць
зь ліпкіх паперак будуе свой дом

рэклямкі крычаць – яны выюць і ныюць
яны не жадаюць нікуды ляцець
а Вецер ня чуе грашовых малітваў
ён плача рагоча і горача дзьмець

нашто абяцаць ім таго што ня маеш
навошта іх потым у лужыне мыць
на цёплыя губы і моцныя рукі
яны ўжо ня здолеюць болей забыць

JAПУ   (1998)

хай ноч хутчэй зьмяняе сьцень
я прагну новых летуценьняў
хачу каб згаснуў мой прамень
пазбаў мяне тваіх зьяўленьняў

каб адышлі нябачна ў пень
жаданьні лялечных імгненьняў
прандзеі каруну ў сэрца ўзьдзень
забойца ўсіх маіх памкненьняў

як маладзік забудзь на цень
і капішча збудуй з паленьняў
ды рожкамі мой Царалень
зьбяры касьцёр са сноў-маленьняў

бы неадступны марны дзень
ты мне надорыш сум збаўленьняў
пітво сьмяротных хутка ўсьпень
да дна я вып'ю морс з карэньняў

ЦАРАЛЕНЬ   (2000)

ад'я́дныя кветкі касьцёл Сьвятоі Троіцы
нябачныя хоры вянчаньню сьпяваюць
магільныя пліты – памерлых візіткі
ля божага храма спагады чакаюць

хлапча́к зацікаўлена водзіць нягучна
па цындры каме́ннай бялюткай рукою
жыцьцёвыя літары хутка ўжо зьвянуць
і гэта прычына яго непакою

ён хоча дазнацца што здарылась з тым хто
тут быў пахаваны ў юнакскім узросьце
вось скончыцца служба – ўсе выйдуць з касьцёла
ніхто не заўважыць на могілцы косьці

ШЛЮБАВАНЬНЕ (1998)

маё паземы за́сьцяцца палоікай
тваіх адноічы белых валасоў
сьвірыць утул самотнаю папоікай
я вы́мерхаўся смаку хваласлоў

я ненатла́нны руж тваёі пасте́ркі
у кутнасьці фатэ́льнай ты на ўздром
імкнесься праз апоіныя люсте́ркі
анѓгды згубленых табоі суіздром

і трапункова ра́га льлецца зь сьненьня
твоі лунь хістае кветкі цюцюпан
і не рыдае інталяж зьнікненьня
трэ̨' закруціць на кухні дрэ̨нны кран

ды ласьне мо' пазьбегнуць гэтай кнеі
як вылезьці чмуцявых лӧхаў з-пад
я зачыняю вочы з-за завеі
і спрэ̨с чапляюся за твоі імпад

ВАЛЬ (2000)

набудзьце цацку па рэклямцы
і пражывіце зь ёю дзень
гуляйце размаўляйце зь лялькай
а потым выкіньце праз дзьвер'

вам зь ёй ня будзе адзінока
яна вас будзе весяліць
спрачацца нават з вамі будзе
і толькі вас заўжды любіць

цікаўны розум пекны выгляд
па добрай зьніжанай цане
няўжо ж вам цацка не патрэбна
хутчэй набудзьце ж мяне

ЦАЦКА   (1998)

чаму ніколі ты ня плачаш
ізноў цябе пужаюць сьлёзы
ці можа газы не хапае
ў сьлёзатачывае залозы

наўрад ці сэрца рана зныла
і розум чысты некранёны
твой страўнік з травамі працуе
рука сьціскае шклограньоны

люструюць вочы завакольле
зьвіняць званы глухому вуху
напамяць вусны забабоны
чужы язык пільнуе муху

сядзі на дрэве як цар-птушка
сачы сусьвет д'абодвух скону
ды пальчыкам трымай паветра
сваю пярловую карону

ХАМЭЛЯВОН   (2000)

грувасткі гарадскі пакоічык
дзе копша блюміў невыносна
фіранка расчыніла вокны
каб не было ўнутры так млосна

і пустадомны подых з сквераў
пад'еў усе горкія паветры
расквецілі фіранку думкі
бруіліся намёкі зь ветру

ніхто ня ведаў пра іх лучнасьць
іх позіркі як веск цьвілі
яны б былі заўсіоды разам
але ў пакоічык уваішлі

ў в'абдымках ветру цераз шкло
фіранка высьлізнуць хацела
а гзымс вяруга і крукі
чувалі як яна трымцела

яна ня здолела ляцець
бо не парва́ла свае крылы
крозь люфцік нурна ноч-пры-ноч
зь іоі цалавацца будзе мілы

НУРА́ (1998)

я запалю ад сьвечкі цыгарэтку
я не жадаю сьмерці марачка́м
але за тое каб цябе пад'елі рыбкі
ўсе сьвечкі ў хатцы з радасьцю аддам

каб водарасьці зьелі тваю скурку
у шторм адноічы на гаючым дне
я мару як твае антраксы-косткі
са смуткам узгадаюць пра мяне

СЬВЕЧКІ (1998)

на галодкаі паверхні їльдам
увасобіў ты мрозныя чары
я заеду нагою па шклам
паламаю адсьнежныя пары

хаі малюначных зьмерзлых узор
захлысьнецца цурчаньнем вады
каб праз дзіркі сузорыстых зор
мне ня дзьмухаў больш позіркам ты

ЗЛОДЗЕІ (1998)

шмат непатрэбных тысяч разоў
ізноў як калісьці было
цёплыя сьцены і сьпіны суседзяў
мне тлеюць на мяккае шкло

тысяча жоўтых волатаў-зуб
штурхаюць прамовамі рот
нехта даўно праглынуў свої відалец
ў канапу разьліў чарку вод

добра зрабілі розных квіткоў
паклікалі важкіх людзеі
шмат тысяч я зноў разоў цябе бачу
ад гэтага мне не валеі

ШМАТ (1998)

калгаснік рэжа бараною
усхваляваную зямлю
сялянскі хлопец я аралам
цябе бязьлітасна люблю*

(2000)

---

*Кніга прарока Ёіля 3:10: „Перакуйце аралы вашыя на мячы і сярпы вашыя – на дзіды; слабы хай гаворыць: я дужы".

па сьнежным калідоры
пад лямпачкамі з сонца
сярод шпітальных сьценаў
ляціць народ бясконца

у вопратках з бавоўны
са скураі белых рухаў
я – белае на белым –
спацыр раблю па гуках

цябе ніхто ня бачыць
іх вочы на падлозе
бурнос чарнявы з плечаў
з усімі ідзеш у возе

табе маўчу „*Вітаю!*"
вачыма „*Да сустрэчы!*"
я ведаю ты чуеш
няможны голас нечы

БУРНОС (1998)

не да мяне не да гары нагамі
твоі парасон глядзеў на небалікі
каб я нікому не казаў
мне палец твоі крычаў вялікі

я зразумеў што ўжо ніколі
ня скончыцца мая навала
што лужынам тваіх вачеі
заўсіоды кропляў не ставала

цукерак горкіх і кавалкаў кавы
гарбатачнага чаю і цыгарак
+ пераліку незьлічоных літар
а ўсіо з таго што я глядзеў на тварык

ТВАРЫК (1998)

мая яна як горны вецер
я крочу лужынамі ў небе
яна залезла ў цёплы кубак
шукаць закутак па патрэбе

уздоўж халоднага праспэкта
мне не паверыла ізноў
сярод дрыготкага натоўпу
спаліўшы здань тваіх гадоў

ЛУЖЫНАМІ (1998)

нас вуліц зімных шкло са склепаў
сустрэла вопраткаї фірмоваї
мы зазірнулі ў *Ogród Saski*
дзе *żołnierz* з *Armii Ludowej*
сьпіць нерухомым сном навечна
і промні мірскага агню
аб мэнках жаляцца яму

тым двум мы ў вочы паглядзелі
што сьцерагуць труну ваїскоўца
загад выконваць павінны
ня вымавілі нам і слоўца
і самі ўжо як нежывыя
калі ж мы крочылі ад іх
нясьмелы шэпт схапіў мої слых

размову іх я не разслухаў
мароз квяліў мне вочы сьнегам
сьняжынкі сёхталі начныя
я быў адзін пад глюзным небам
мы крочылі назад дахаты
і манекены без галоў
нам не ківалі ўсьлед дамоў

САСКІ (1999)

яны прыходзяць толькі каб пад'есьці
яны злуюцца калі мала ёсьць жратвы
ўсїо роўна што ў цябе ня ўсїо ў парадку
дармовы харч ім 'трєбен а ня ты

ўсїо што заўгодна згодны яны жэрці
ім напляваць што ты разьбіты ўшчєнт
я б нават пагадзіўся з такім станам
калі б не ізалентавы брызент

які нябачна рушыць спаміж намі
які зьяўляецца калі са мной яны
усїо ядуць п'юць каву відык круцяць
і чымся ўсїо ж незадаволены

ня здолею трываці гэта болей
адолець як засьпінны шэпт яброў
хаця б я не жадаў жыцьця ў пакеце
дык прыйдзецца пабачыць іх ізноў

ЯБРЫ́

(1999)

„Бывай!" – цяпер ужо ніколі
я не пабачу больш цябе
ты будзеш жыць заўсїоды ў долі
а я на казкадворным дне

Азъ буду ў марных успамінах
а ты ў рэальнасьці жыцьця
мае надзеі ў тонкіх кпінах
твая сьпіна́ – мая судзьдзя

„Бывай!" *„Adieu!" „Good-bye!"* „Пошёл ты!"
мне нават гэта не пачуць
ў маю ірваную старонку
цябе ня здолеў загарнуць

БЫВАЙ!

(1999)

як цёпла спаць калі ўнутры нічога
ажо ніхто\нікому не званіў
їзноў сядзеў і ні аб чым ня думаў
уздоўж да вечара гарбату з цукрам піў

ўвесь дзень мая да дрыжыкаў ікотка
не суцяшалася і замінала есьці
а гэта значыць што камусьці ўсё-ткі
я на ўспамін адолеў-такі ўзьлезьці

ІКАЎКА (1999)

– Прабачце, можна сесьці і разам з вамі побач
на сонца паглядзець? –
кабета ўжо старая на ўскраек лаўкі села,
дзе бабця ў барме друзлаі у промнях косткі грэла.

– Як цудна! – Дык канечне ж: ня тое, што ў зямельцы
на покуце ляжаць!
Наўкола сьнег паліўся ды сінюкі сьпявалі,
дзьве бабці нетаропка гамонку зачыналі.

– Настаўніцаі у школках усё жыцьцїо рабіла,
ды што тут гаварыць,
я хатняй гаспадарцы вучыла ў іх дзяўчынак,
па ўзросьце скарацілі, пайшла на адпачынак.

– А я была забоіцаі, па турмах вандравала,
такое вось быцьцїо,
за тое, што адноічы забіла дзесяць хлопцаў,
я дваццаць год з калючаі драцінаі праз ваконца

на сонейка глядзела, і ўсё ж такі шкадую,
што не забіла больш.
– Табе з душой заіздрошчу! Ці даш, бабно, мне веры?
Заўжды жадала стрэліць – ды зачыняла дзьверы...

БАБУЛЬКІ (1999)

я нечакан' адзін
я бачу чаї кіпіць
паленьні летуцень
кансэрвы просяць піць

мне цёпла і цяпло
свої распранае плед
я ведаю што мне
ва ўсіх чуваць твої сьлед

ПАЛЕНЬНІ (1999)

зашмат вачынак па траве
пляцецца гарачынь ад чаю
я кожнаї мрою аб табе
пад млосны слодыч адлігаю

як тоўсты крук сярод кустоў я
ня хочацца паўсюдна їсьці
усе наступныя гадзіны
я буду сам сабе plus ці

+ (1999)

чорны бусел сядзіць
на даху́ на рагу́
я загадваць ня стаў
бо больш не магу

бо нічога ня будзе
і нічога ня ёсьць
ды амаль не было
я і сам толькі госьць

БУСЕЛ (1999)

мы проста сядзелі насупраць бы побач
глядзелі на вочы адзін аднаго
калі мы казалі па слову штозрэдку
здавалася нам што дарэмна яно

мы ўдумліва ціха маўчалі ды спалі
заплюснута вока пільнуе сябе
а нашыя ногі штоноч вянкавалі
як танчылі разам па бітнаі траве

вакзальнаму пылу расплюшчылі колы
вы ўсіх разьвіталі праз іх рукзакі
я так і застаўся з асфальтам сам-насам
мяне абмінуў вашаі поціск рукі

РАЗЬВІТАНЬНЕ (1999)

ты сядзіш пры гожы
ты паліш моі касьцёр
хоць паліву для ежы
і не хапае дроў

мэталіовым бляскам
ад чорнага вядра
зьдзімаю зь цябе маіку
бо ты таксама я

КАСЬЦЁР (1999)

мабыць неба адпесьціць малюнкі
што гараць у сутоньні карункаў
не падорыш ты мне падарункі
горкі слодыч тваіх пацалункаў

(2000)

VECMOKU

паштоўкамі заляпаныя сьцены
на іх павешаны шкілеты тваіх слоў
шпалерныя культурныя абмены
+ сублімацыі сьпярмяжных мастакоў

ты кажаш ім „Непрадуктыўна думаць
аб тым чаму наўрад ці прыйдзе час.
Жадаецца? – ў люстэрка трэба плюнуць
павыкінуць з вантробаў думак прас"

але ж табе таксама млява млосна
ты тож смакуеш немагчымасьці трызьні
пераканany што усё адносна
жывеш наадварот – заеш–запі–лізьні

так сам знайшоў ў сабе свае законы
бо верыў толькі тым каго кахаў
над кожным сонцам маляваў каруны
і сам сябе самому прагуляў

ЗАМАК СТАРЫ́Х ПАКУТАЎ   (1999)

JAUNMOKU

я сапраўды лічыў што скончылася ўсё
але яно ўсё ж ёсьць – напэўна не праішло
яно засмактавала мяне ў сябе ізноў
адразу ж пахаваўшы каменьнем берагоў

я не жадаў яго – яно само зайшло
брукоўкаю *ielas* мяне ім занясло
калі расплюшчыў вушы яно сышло на ты
яго адлюстраваньне на слове *johaidī*

ЗАМАК НОВЫХ ПАКУТАЎ   (1999)

ні адкуль век-вяком
яму мною цярпець
быць маім сябруком
каб у хаце сагрэць

тэлефон пільнаваць
знаць усїо АББА мне
і на госьці глядзець
як сядзець у карчме

мне ня да дзе На чуць!
нашто квапіцца ён
век-вяком ні ад куль
ні за што мне пра клён

КЛЁН   (1999)

мне здаецца ці я адлятаю
дзеці ўнізе кідáюцца матам
павярховы будынак дзесь збоку
я як кетчуп зраблюся таматам

бы нукліды ад выбуху скрухі
радыяцыï атамных жаляў
твае словы схаваныя ў позірк
звагавалі мяне з тваіх шаляў

прызямліўся на мокрыя травы
мужыкі ласавалі гарэлку
трансфарматара будку мачылі
душы лілі адзін 'днаму ў грэлку

тэлефон закрычаў нерухома
голас твоï запытаўся пытаньняў
з таго сьвету з табої размаўляў я
ды на'т лёт не забіў усіх бажаньняў

ATHENÆUM   (2000)

я мару аб табе
нікому не адкрыю
яе ніхто ня будзе
ніколі ведаць тут

было што з намі ўсïо
бутэлькамі зарыю
пакіну ў калідоры
як срэбра грошы бруд

ня здолею вось так
упэўнена завыю
мне дрэнна будзе потым
зальлю папераї кут

але не пазваню
і не падстаўлю шыю
такая ў нас праграма
такі цяпер я шут

Т   (1999)

я карыстаю ноч як сьметніцу для думак
заплюшчываю вочы ня чуць каб болеї слоў
каб не шукаць у вокнах людзеї былых прытулак
і не глядзець на зоркі адсечаных галоў

я карыстаю дзень як брудніцу для мараў
ды зачыняю жыцьці ўсіх тых хто не знайшоў
їрву прышчэпкі лïосаў на шчупальцах кальмараў
не захлыснуцца б нафтаї з тутэїшых ручаïоў

я карыстаюся – карысьці ў гэтым мала
мяне не карыстае што хтосьці скарыстаў
бо некарысьць па праўдзе мяне закарыстала
з усім бескарыстоўна сябе табе аддаў

КÁРЫ   (1999)

ня трэба больш шукаць
мяне ўжо ашукалі
ні плянаў будаваць
усїо адплянавалі

не прадугледзелі
тут на мяне забылі
наўрад ці здагадаюцца
што апрыёр забілі

APRIOR (1999)

я бачу ты са мнoї
за їм ня ты жывеш
і казытаньнем моў
нашто ты зь їх ідзеш
ты моцную далонь
сядзіш ляціш ці сьпіш
ня грукаї праз вакно
праз вочы ты сапіш
я нюхаю твoї пах
паклала на плячо
навошта табе коні
пытаесься „Ну чо?"

ЛЁТ (1999)

было рыпеньне гракацeньне
шумцeньне тхнeньне і сапeньне
бо ўсе жадалі далучыцца
да бляску і золата якое
ішло ад зáмка Сор'я Мор'я
які мігцeў сваїм сьвятлом
які мэлёдыяї трымцeў

СОР'Я МОР'Я (2000)

ты ходзіш маўкліва
ды заўсїоды адзін
паглядзі уласьціва
на дасьціпнасьці сьпін

Ці кава? Ці супраць?
А ці хочаш? Ці не?
Ці адчуеш кузурак
як бягуць па сьпінé?

маленькія ножкі
вушкі ручкі вусы
ў іх прыгожыя вочкі
закаханы яны

БЛОХІ (1999)

жыцьцїо на пры́ступках і торбах
пад лязгатаньне цягнікоў
пустых пад'ездаў адзіноты
ў чаканьнях безспадзеўных слоў

у вечарынах пад буты́льку
раструшчаных візітак стос
нікому не патры́бных пісьмаў
стаптаных восеньскіх мімоз

размовах марных аб далечым
старых сяброў дымлівы твар
скразьняк наскрозь гуляе ў ложак
і сон псуе начны кумар

калі б ніколі не прачнуцца
і па-сапраўднаму спачыць
каб чуць як у труне суседняй
сьняжлівы галасок сіпіць

КАЛІ Б (2000)

мне жадаецца мяса
мне хочацца піць
мне жадаецца бегчы
мне хочацца плыць

размаўляць па-французку
і глядзець MTV
разгарнуцца згарэць
ды і ствараць камяні

МНЕ (1999)

больш ніколі ня будуць
цягнікі тут хадзіць
не ня трэба сьпяшацца
і з-пад крана чаі піць

добра ведаць шматмоўе
як ваўчара ноч пець
ды сьмяяцца губамі
ўсïо ўсïо ўсïо разумець

ЎСÏО (1999)

над шчалужынаї белаї клязэту
я кахаўся з сабою ў WC*
спрабаваў сябе праваї рукою
і на вочы глядзеўся твае

нехта грукаў у дзьверы нагою
біў да стогну фалянгі мае
праз вакно адчыняю карэту
палец зджаліла муха цэцэ

ARBOR VITÆ (2000)

---
*WC — Warszawa Centralna [Вэ-Цэ – вакзал у Варшаве].

за сьняжыстым надвор'ем
заплюшчаны розум
кіраваўся на поўдзень
сярод сініх дрэў

ля здранцьвелых вакенцаў
смурод цягнікоывы
гандляры-валютанцы
п'янчуковы запеў

не з усім размаўлялі
мы зрэдку званілі
ніколі не вітаўся
разьвітаньняў ня меў

ты адноічы як дрэва
цяпло завірухі
праглынуў ільдзяшамі
сваіо сэрца сагрэў

ЦЯГНІК (1999)

марскія хвалі хвалявалі
соль пены білася ў камéнь
і цьвердалобыя надзеі
кідáлі паліва ў струмень

ты з кожным подыхам паветра
ружовай фарбы смак пілá
ды разам зь ім глытала пырскі
па чорным дне ізноў плылá

шалёнай хваляй цалавала
каменьняў мокрых вастрыню
а потым зь песьняю папсовай
замілавала ў глыбіню

КАМЯНІ (1999)

пайшоў за дзьверы ты па справах
я не пасьпеў надзівавацца
ты на сурвэткі вінчык ліў
пад кожны тост лез сябравацца

ён семкі лузаў каля стойкі
тужліва людзям пасьміхаўся
бутэлькі млява гандляваў
і тульляі чорнаі узьдзімаўся

Ежы ў кавярні засыналі
паўдньовы сьнег ужо сьняжыўся
па чарцы кроплі разсыпа́ў
а я ў мароз на вас бажыўся

ЕЖЫ (2000)

яна блявала грацыёзна
яна паліла цыгарэту
яна ішла самотна-сьлёзна
на стомэтроўцы эстафэту

шпацыравалі незнаёмцы
уздоўж асфальтавых машынаў
плылі па Сьвіслачы пянёндзы
мы выдумяляліся з прычынаў

зь якіх грунтоўна жартавалі
зь якіх рабіліся высновы
а потым рукі паціскалі
ня стрáцілі свої сон здаровы

я больш ня гвалціў тэлефоны
я ліставаньнем скасаваўся
я ўжо ня бегаў марафоны
адзін з-з-з нас заўжды пужаўся

16 (2001)

Лю-лю-блю лю-лю-блю лю-лю-блю-лю лю-блю-лю
Лю-лю-блю лю-лю-блю лю-лю-блю-лю лю-блю
Лю-лю-блю лю-лю-блю лю-лю-блю-лю лю-блю-лю
Лю-лю-блю лю-лю-блю лю-лю-блю-лю лю-блю

Лё-лё-блё лё-лё-блё лё-лё-блё-лё лё-блё-лё
Лё-лё-блё лё-лё-блё лё-лё-блё-лё лё-блё
Ля-ля-блё лё-лё-блё лё-лё-блё-лё лё-блё-лё
Лё-лё-блё лё-лё-блё лё-лё-блё-лё лё-блё

Ля-ля-ХХХ ля-ля-ХХХ ля-ля-ХХХ-ля ля-ХХХ-ля
Ля-ля-ХХХ ля-ля-ХХХ ля-ля-ХХХ-ля ля-ХХХ
Ля-ля-ХХХ ля-ля-ХХХ ля-ля-ХХХ-ля ля-ХХХ-ля
Ля-ля-ХХХ ля-ля-ХХХ ля-ля-ХХХ-ля ля-ХХХ

ЛЮ-ЛЁ-ЛЯ (2000)

бачу цітры сканчэньня нямога кіно
ты сказаў „До свиданья!" – я маўкліва „Adieu!"
ні лаебнага слоўца – машкаляцца ня стаў
ды аблудных пытаньняў у мяне ўсіо пытаў

гэты час ня даў веры рукамяцтву тых слоў
наўзадор спадзяваньняў усіх тваіх я сызноў
не цябе – адшукаю хто ня будзе мне мліць
хто са мной на кугралыіі лёдаўзгоркі згаіць

ЗЬМІТРА (2000)

белыя кроплі ляцяць праз вакно
занавесь сіняя песьціць сьвятло
кволыя рыскі ксерачаць ятро
і тольмі ня ты не ўзгадаеш яго

(2000)

сьвяточны стол накрыт'
наўкруг тугá і сум
кідáеш позірк ты
у зікрах велядум

я не гляджу ў в'адказ
тужыць зьнямогся я
ты – Зьнічка Запалïон
у сьмеўках галманьня

паноўна ў тэлефон
ты вымавіш „*Бываі!*"
і тольмі ў трубцы зык
учуе моï „*Чакаі!*"

ГЯНЮ́К   (2000)

ня здолее вораг мне выплакаць сьлёзы
ня вернецца сябар які ім ня быў
шабатнік расквеціў Нямігу мімозаï
твоï зыск да мяне вельмі хутка спачыў

усім будзе лепеï – а я буду зьлева
усе завалодаюць рацыяï тож
усïо будзе добра – я змыю залеваï
табою ўвагнаны за вочы мне нож

[шу:п]   (2000)

ня вартае зламанага яечка
што выедзены грош тады юнацтва
калі яно забітае сабою
ня чуяла ніколі водар <*нрзб*>

                                                 (2000)

не вілаводзь мяне – мне больш не даспадобы зь
пяроцемкаў надхмарны крывісты крыгалом
і хлеба ёсьць крышан ды кульма лекі марцьвяць
хоць порскае вандруга чырвоным віндуком

не вілахвосьць ізноў – ты бачыш візарункі ї
да Прошчы прудка крочыш – Імшарыны Кадук
адноічы неўзабаў я матавым відоўцам
їржавіньне сшнурую цукерніцтвамі рук

але як на кандэт пад крышазлом'е лїосу ў
сю плесь замілаваньня мяне ты атумань
апантанелы сум заведзгае да болю
я зьгегну і сонца косы тваю зсмактуюць длань

ЇОЎБАЛА   (2000)

я сяньні бачыў вас і закахаўся ўзноў
наўсьцяж я шпарка крочыў да брамы ў старасхоў
вы пошчылкамі сумнымі глядзелі на галду
мне прытмам зажадалася ваўком смыжыць аўцу

на лёсьтачкі чакаў зь їрховых брэх-вачеі
туртала твань чальцоў; мої хомар – сэрца клеі
мне смачна нат курняўканьне кударскае ў карван
вы тое што заныкалі – лушчаткі за дыван

АЎГІНЬ   (2000)

не разставайцеся з каханым ані дзень
падманны прыгасьці наўзьвершнага паганьства
не залішайце любасьці былых імгнень
і не сьпяваіце гімн скупым айцам каханьства

                                        (2000)

намагаюся плакаць – зь мяне сьлёзы ня льюцца
ўсё зрабіў і зрабіў бы каб быць побач з табою
ты надзею мне дорыш ад якой шклянкі б'юцца
і сыходзіш дадому зь весnavою слатою

ты паводзіш сябе быццам сэрца з каменьняў
назаўжды зырхавела лемантар нэкраманту
аксамітныя рэшткі ўсіх сьляпых летуценьняў
як піўныя бутэлькі насупроць Людаманту

ўсе зламаю павыкіну – bottle-ваіскоўцы
мне прарочаць пракліёны ды ня іх я баюся
мяне сполах і жудасьць – мае местачкоўцы
лупцаваньнем цкуюць таму я не дзіўлюся

АСП   (2000)

тваёй усьмешкі белы зуб
і губаў танец прывітаньняў
ты экс-калятарам уніз
цягнік дзьвярыма зачыняньняў

пабачылі сябе з хвілін
табе шчаджаю свой аматар
мяне да выхаду нясець
пераляканы экс-калятар

ХВІЛІН   (2000)

па звычцы старой я ізноў ля вакна
але я не палю – няма побач віна
лямпа зьзяе сьвятлом – добра хораша як
і ўсё роўна адчаі не адступіць ніяк

                                                  (1998)

калі я буду рэзаць рукі
і кроплі кроплям аддаваць
мае бязьлітарныя згукі
ня здольны будзеш учуваць

я не адчую іх таксама
сьцюдзїоны подых цёплых губ
мне нагадае аб узвышшы
зь якога звальваецца труп

які ляціць і крэсьціць неба
на їкое і ты калісь сышоў
я прабачэньня не дарую
тваіму мярзотнейшаму з шоў

SHOW (2000)

забіце дзьверы мармурам і зачыніце вокны
ўзгадаіце ўсе наступствы атручаных гадоў
адвінчаныя рукі ды зьбітыя далоні
спалоханыя бакі квітнеўшых гарадоў

ня мыце сьпіну гелем і не галіце твару
ня шкрабаіце пазнокцем гушчары валасоў
ня трызьніце насукрадкі не распранаіце мускул
ня верце хвацкім вуськам ды гідзі іхніх слоў

ГЕНЬКА (2000)

сіняя пашча жоўтая зрэнка
іклы-дамы́ і іх дзіркі наўсьцяж
мої дагляд кіруецца сьценкаі
час надышоў гэты скончыць ваяж

(1998)

ты мой адзін найлепшы Бог
тыкеля шпарка крочаць боты
цябе кахаю наўзьнямог
усеабдымам адзіноты

ты мой наілітасны Айцец
і Бацька ўсіх маіх дзяцей
найменш прадбачлівы ***
блакітна-ленінскіх крывеі

ты Дух Сьвяты што выйшаў з Сына
з гары народжаная ш-ш-ш
сакральна-чэсная абшчына
што шчасна ўскоквае на крыж

ТЫМОЙАДЗІН (2000)

зямля пацее пасаромчыва і квола
палаюць цемрадзьдзю абрысы цемрашала
свой водар аддае замкнёнае жаданьнем кола
мяне ты вабіш зыркасьцю карала

ты каласьнісься ў коўдры смачных здымкаў
ці чуеш шэпт зьнямоглага пытаньня
дарэчны да найпрыкрасных абдымкаў
нашто чакаеш на майго чаканьня

CHANTICLEER (2000)

ці ведаў я калі гарнейшага за вас
зьбіваў мяне ці хто калісь як вы з абцас
прыйшоў і для мяне імгненьня гозкі час
паабяцайце што ня зьнікнеце праз прас

(2000)

ты творчая натура што Бога цалавала
усім тваім жаданьням заўжды ўсяго ставала
ты слухала людзеі казала словы ласкі
ці біла аб падлогу і зь іх зрывала маскі

часамі ты кахала гадзінамі паліла
сама сваё жыцьцё з душоі зь сябе дварыла
ты бачыла мужчын – жанчын не заўважала
любіла каб цябе ї сама ўсаджала джала

ўсе верылі ў цябе чым лёсы папсавалі
з табою ў падарожжа залёгка ад'язджалі
душыліся сьлязьмі калі цябе ня стала
а потым зразумелі – на ўсіх ты забівала

СЕЗЗОНЫ Ш УЪАDU (2000)

ты кветку зрэзаў не адразу
яе як Жыгімонта ў вазу
яшчэ ніхто яе ні разу
ніколі не ставала джазу

заўжды заўсїоды Офру Хазу
як непатрэбную заразу
вымоўчываў сваю абразу
і ёю наталяў паразу

а кветка водар ашчаджала
з-пад крана на ваду чакала
з тваімі промнямі гуляла
і выїсьця марнага шукала

адноічы пах прыемны зьнік
сваімі ікламі цягнік
цябе схапіў за залатнік
ўвагнаўшы ў кветку ліпкі цвік

КАЎНЕР (2001)

капельская нагода
і плэер не працуе
звычайная прыгода
ня шэпты слых моі чуе

каме́ннае вакенца
ды ежа з камяню
праявы камянара
з каменьня чысьціню

сухотныя забавы
адзінкавага млоства
вільготныя заявы
якіх было ўжо мноства

T(R)Ў   (2000)

ён рэзка рэзаў перад тым
ён узіраўся ў фотаздымкі
нічога не было ўсіо дым
недачаканыя абдымкі

атрутны подых цыгарэт
камок сумневаў потым рваньне
жыцьціо складалася з праў вэт
на невычэрпнае жаданьне

балкон расплюшчыўся з вачэі
паўночных рук апошні поціск
на фота ён сярод людзеі
яго бажаньняў кволых вод ціск

віш'яных словаў не было
і нават рэха анямела
ірванаі фоткаю плыло
раскаляронае цела

РАЗЬЦЗЁРТЫ   (2001)

я дарую табе абяцанак
што каханьне маю не Ад Д'ябла
будзь упэўнены мой мілы сябра
я лакнаю цябе як каханак

ці паверыш мне ў тым што пішу
бо бажаю цябе як Раі Бога
ўжо ніколі ня будзе нікога
безь цябе мне закажуць імшу

ты адзіны з кім хочацца быць
з кім жадаецца жыць тольмі побач
безь цябе – існаваньне ды роспач
і заўчасна труною злажыць

BEAU MONDE (2000)

як чорным павуціньнем крот
зьбірае ў сьметнік зоркі зь неба
і крохкіх пальчыкаў саскі
сьціскае кропачкаю хлеба

вось так і я жыву калі
цябе ня бачу і ня чую
адноічы подых пакрысе
твой кіпцюрамі расцалую

каб скончыць раніцою дзень
наесьціся навек аблаткаў
з-за сьлёз ільдзяшную шчаку
кранай лязом сваіх пальчаткаў

бацькі забудуцца дзяцей
і на сваю да іх жаданьне
цябе настырліва хачу
узяць з сабой на пахаваньне

Ш+ (2000)

маїоі наілюбае труне
жыцьціо я ахвярую
складальнікі што ё' ўва мне
чырвоным ветрам здую

адсалютую ўсім бываі
і зьнікну незьнікома
ляжаць жадаю дзе моі краі
плыве ніц нерухома

ТРУНЕ (2000)

схіліўшы важкую галоў
густоі высокаю сьцяноі
ты сінявокі прыгажун
стаяў нябачна па-за мноі

у вільгаценьні пустаслоў
складальнік гожы белых дзён
пад сьнегавою коўдраі трун
сканчаў зямныя справы лён

ANTHEM FOR HYMN (2000)

у небе чорным песьціць дождж
зьнішчае кроплямі касьцёлы і царквушкі
зь пяску пабудаваных прошч
зьбірае на далонь людзеі як мак макушкі

не пакідае безуважным анікога
змывае долу кветкі мяккі бęз
і просіць моліцца ў наілюбаснага Бога
ня кідаў каб яго ніколі Бес

БЕЗ (2000)

я гутаркую сам з сабою
каб не забыць як размаўляць
ды прарубаю вокны ў дзьверы
каб не згубіцца разважаць

я пальцам стукаю па клаве
каб быць гатоў адразу біць
смактаю кроў з скусаных губаў
заўжды каб помніць як трэ' піць

я прагну сьвету тэлевізыі
каб навучыцца ўніз глядзець
аб тарку сьпіну тру і рукі
каб зноў забыцца як ляцець

зьбіваю вушы дзідаі з ватаі
каб больш нікога не чуваць
і толькі сам сябе лакнаю
каб не забыцца як кахаць

ЛІХТАР ЖЫЦЬЦЯ (2000)

як салавеіка раніцою
баіцца з вамі сала есьці
як павучыха пасьля п'янак
ня ведае што вучням плесьці

ня хочуць ка́ты надвячоркам
на Катадральным пляцы пеці
як дзярмаеды на пляцїонкі
стаміліся накідваць плеці

так вершатворцы-ручкаблуды
на Прагу прагнуць паглядзеці
вяза́нкі вязьнікі у вязьні
з усімі разам будуць меці

РЭВЕ́НЬ (2000)

паўзе старої саплїою дождж
па шклу нямытаму адвечна
глядзіць праз роўнядзі вакна
як на пліце скварчыць яечня

ў пакої ціхім дзе спакої
ніхто ня дбае аб сьняданку
забылі выключыць сьвятло
ключ вынуты зь дзьвярєї ад ранку

патэльня зьедзена агньом
унутр дождж стучыцца звонку
у ноч з кватэры б'е прамень
яго прадбачліва ў скарбонку

зьбірае ён па гарадох
яму маланкі шлюцца зь неба
раўнівы заїздрасны Пярун
загадвае дажджу як трэба

сябе паводзіць на людзїох
бо навальніца гэта кара
сьвятло цяплом расплавіць дождж
і застанецца толькі пара

ПА́РА (2000)

люблю калі зь неба што-небудзь ляціць
як капае дожджык ці плача лядзяк
хай падае цэгла ці сьнегам імжыць
што лісьце кружыцца ці какае шпак

зьбіваюць аблокі ці коціцца град
валанчык ці мяч у спартоваї гульне
цяплічны прамень ці з гары камняпад
на галаву хаї усїо зваліцца мне

ЗВАЛІЦЦА (2000)

на Радаўніцу да людзеї
ішлі анёлы-андрагіны
у нехламяжнасьці падзеї
да сэрца не бралі іх кпіны

давалі ўсім адзін кудмéнь
анёладумныя разынкі
ў в'адказ ім кідалі кетмéнь
у іх бязскрыланыя сьпінкі

яны ня мелі як зьляцець
ўсіх іх зграблі на саркафагі
на вогнішчы дзе ім гарэць
п'юць мятуліцы-капрафагі

ЯНГОЛ (2000)

тут для цябе няма званоў
альтанкі болеї не хварэюць
сярод пакрыўджаных крыжоў
старыія здані сэрцы грэюць

ці бачыш косткі мої паэт
ўсіх тых з каго здаўна кахаўся
зь іх любаярлівых сыльвэт
шкілет замулены застаўся

яны сядзяць і золькі-зьлёзы
як зоркі чарвяточаць зьнег
хлапчывы погляд нецьвярозы
навошта ты сюды прыбег

яны маўчаць і назіраюць
чаму заўсіоды толькі я
твае пытаньні ў іх зьнікаюць
ты їдзеш да кезаўкі быцьця

ПІІТ (2000)

дробна-жоўтыя крылы расплюшчыць прырода
у мужыцкую ўцеху друкуе крок здань
тканка кола і зямлі муліць ногі старога
зь яго зубы зсушыў усе Блакітны Бяздань

камяні свае трэ ды гандлюе razінькі
у халодных сьлязох здань гадуе тугу
чорназубаю ямаі п'е з солі разынкі
колы крыўдзяцца з долі ў Блакіта Страху

варажыцца на дождж ды з коміну крочыць
бо вянкамі спатканьняў здань рукі нацёр
хваляў грудзі ён зьнёс пад вар'яцкія вочы
заручыўся з ракоі бо Блакітны Шацёр

аксамітныя зрэнкі ў паперныя скрылы
сам схаваў ад яго як Брыльлянцісты Дах
Акіян Нумар Пяць – сябра прывіду мілы
бліскавіцаі сячэ цяпер колішні жах

НЕБА (2000)

зьнікаюць сны чырвонаі стужкаі
і ранак вочы расчыніў
зьдзярста́наі самапа́льнаі птушкаі
моі тэлефон крычаў наўзьдзіў

замкну́тасьць зьбітую снычáмі
ў якоі схавалася сухцё
спрабуе адчыніць ключамі
і разбурыць яе быцьцё

не разумее неба рака
усіо што скажа ён лухта
пужае лужыну сабака
пасьля яго адна клухта

ЗВАНОК (2000)

мае рукі рознага колеру
кожны раз калі бачу цябе
як настырнаму беламу броілеру
Хара Кіры маёй галаве

робіш ціха няўдзячна і ветліва
я лію табе свої сьвятасьпеў
пазычаю сябе абярэгліва
бо прасіць ты ніколі ня ўмеў

Greenpeace вабяць толькі жывёліны
электронік спаўзе ў каганец
я кахаю цябе за крывёліны
напляваць на табе мой канец

ЖАЛА СЬПЕЎ (2000)

уздымаі свої штандар
і высока нясі над сабоі
не зважаі на мянтоў
на ўсе косткі палеглых травоі

ідзі насустрач вачеі
стужка камераі вабіць цябе
сьветладрук сябрасьвет
над людзьмі паспалітымі імкне

усьміхаіся ды плач
зараз скончыцца боікі падман
толькі здымак здыму
папалю гардуковы цімвян

адыдзі не хачу
пераводзіць усё на твоі твар
тут такіх як ты шмат
і яны ўсе таксама тавар

К-К-КРЫШ (2000)

ты зьедзеш з глузду як і я
і шпарка зьнікнеш у трубе
твої стос дарослага шмацьця
змакулятурыць і цябе

абмаскультурыць як і ўсіх
ды зланцугуе ў грамаду
тыператворысься на жмых
які ніколі не знайду

і ты шукаць ня бу' мяне
ўсїо пераробіцца на поп
як быццам хтось далонь кране
калі адноїчы хцівы поп

схавае злотых у кішęнь
імя́ запіша на радок
ты зб'еш жаданую мішęнь
упęўнены ўсїо будзе OK

ты стрęліш дасягнуўшы męт
ты їдзеш дзе ўсе даўно праішлі
мяне паклаўшы на загнет
На старт Увага Дзякуї Плі

!!!!   (2000)

спала́ Цябе краналі рукі
лашчы́нкамі Сьвілі губамі
уночы Адчувала гукі
слаўцоў Дальокімі краямі

манілі Пе́сьцілка пяшчоты
сьпяшалася Дадому плы́лі
нагамі дагары Самоты
цябе пад восень задушылі

СНОЎ   (2000)

я не чакаю на тваіх званкоў
я не раблю нічога каб нічога
адзінкавасьць ня варта прапаноў
якіх заўжды ці мала ці замнога

я ведаю твої адрас and inbox
дакладнасьці узросту нараджэньня
і рэгулярна spam deletes мої мозг
няпэўнаю надзеяі спакушэньня

і і (2000)

мне яшчэ дадаі адзін званок
намалюі яшчэ адну надзею
прэзэнтуі яшчэ адзін глыток
ахіні ў хініна ахінею

адарві дарэмны непакоі
раскіда́ныя раскідаі гнёзды
адлупцуі мяне сваїої рукої
і забудзь на мамчыныя бїоздэі

ФАНТАЗМА (2000)

згарні уражаньні рукою
іх попел вочы б'ець ашчадна
цябе узрушылі сьцяною
і згандлявалі самаўладна

забылі зьбілі надпісалі
скасьцілі сьлёзна-сьмешным цэпам
аратыя каралі ды аралі
ты летась пазбаўляўся летам

СЁЛЕТА (2000)

„Я побач у ложку на левай руцэ"
яна пазяхае сьмяецца ідзе
імчыцца імкнецца маўкліва сядзіць
і толькі яму і мне хто глядзіць

здаецца жыцьцё адышло назаўжды
няма больш агню на паветры з вады
ні крохкіх пачуцьцяў ні шáльных падзей
ні кветак сустрэ́ч незамшэ́лых іде́й

яна пазірае – ратунку няма
„Рабіў што заўгодна кахаўся штодня
я бачыла ўсіх хто любіўся зь цябе
чапала у іх, а яны – у мяне

я зь іхнімі на'т размаўляла калі
струменьчыкі дзеткаў па целах цяклі
я іхнім таксама казала пра ўсіо
шчасьлівым табе падалося жыцьцё"

з усьмешкай бурштынавай мушкі ў вачах
ў мяне няма слоў – у яго толькі жах
касьцяшкамі пальцаў кранула плячо
душа ў ад ляцела, а зь іой і дзяўчо

халоднае цела: Ці ёсьць прыгажэ́й?
напэўна ніхто ўжо ніколі зь людзей
спытаў аб ягонай аднойчы сваю
сьцюдзёны цалунак спаліў мне шчаку

ЯГОНАЯ І МАЯ (2001)

нявінныя ня вінны паміраць
пакуль яны ня страцілі нявіннасьць
таксама нельга хворых забіваць
пакуль у іх ня згублена дэбільнасьць

(2000)

на вуліцу ішоў дождж з ласкавама рукама
цалункаваў масты і дрэвы клапаціў
пад гукі скарыстаў то тут то там тамтама
наўкола парасон свой сонна раздваіў

ды штосьці ўсіо ж ня так і кветкі їрвуцца ў рукі
у пыласосе пыл б'е сьцены словам SOS
забыўся галышом граніт тваёі навукі
навошта мне цяпер вяртаеш марны стос

МАРНАвіТа (2000)

жыцьціо хвілінамі пільнуе час
і дзень за годам цягнецца за намі
букетамі чарнява-жоўтых ваз
труною ды жалобнымі вянкамі

адчайнымі званкамі ў тэлефон
і памяццю якую ўжо ня зьдзерці
калі маўклівы ды нябачны стогн
перадапошняя даніна ...

ТАЯ (2000)

у старое кавярні новарускае мора
грае музыка попаў танчыць танны танок
ты банальныя думкі літаруеш на слова
п'еш гарбату бяз цукру і здаецца зьнямог

адчуваць сваю кволасьць песьціць шэрасьцю клеткі
загагуліны сэнсаў ды крывуліны рук
хто сказаў пра адметнасьць?! водар подыху зьедкі
дзьмецца параю з ноздраў і жаўнерыцца ўкруг

КУДРОЎ (2001)

ты тушыш сьвечкі незьлічона
чакаеш прыйдзе ён ці не
цябе чакае засмучона
талерка і бульбінка ўва сьне

ты цяміш кеміш бачыш крочыш
ляціш чытаеш у вакне
яго вільготна 'дноічы збочыш
і захлысьнесься зь ім на дне

у жвір няспынны гайдамачны
цябе зьнясіліць у мане
і на'т калі ён бу' нясмачны
наўрадці вернеш да мяне

ЛІК ВІД (2000)

мая галоўка брудна едзе
пакуль ня скончыцца сканчэньня
і не пытаецца дазволаў
яна ня ведае стамленьня

сама гуляе як какотка
заўсёды толькі па сабе
з танкáмі песьнямі так гучна
пяяе сорамна ў трубе

зьдзяісьняе хмары ды прагнозы
прыдатнага для ўсіх надвор'я
калі знурыўшыся чаканьнем
кратаюся кратком на двор я

СТРУМКАР (2000)

навошта соль ня есьць каменьні
нашто сьвятло цурае здань
чаму жыцьціо ідзе бясконца
у немагчымасьці дзурчань

ўсіо трę' было зрабіць самому
і забываўшы забіваць
ды па кавалку рęзаць сьмела
навошта ўсіо ў сабе трымаць

але так цяжка быць ня мёртвым
а як сябе перарабіць
крывянкаі чорнаі зьбегчы ў ванну
пасьля сьліною нож памыць

ШАППА (2000)

выродлівыя людзі ляцелі за сталом
глыталі цыгарęты мазговы трахадром
паліліся размовы аб тым што ўжо прайшло
крыжамі ды паўмесяцам і я туды ўваішоў

хаваліся ў паперкі сваіх удзячных слоў
мне залаціла вусны іх *шчырасьць* сьвятароў
яны складалі лекцыі ды біліся ў брыво
я рагатаў як аднік амаль што з усяго

пасьнедалі віном зламалі агурок
паскардзіліся разам на сваі шчасьлівы рок
са зброяю ў руках пазьдзеквалі залеў
і больш ніхто ніколі зь нікога не хварęў

ТАЙНА Я (2001)

забі Яго! Ён бачыць сны
ў Ягоных марах Я ня Ты
ілжывaі праўдaі прамаўчы
як трэба ўсім пільнуі нажы

забі Яго! пакуль Ён сьпіць
дазволь Яму жаданьне зьліць
Твоі дбаіны енк спляцецца ў ніць
каб Вашых лёсаў пастку зьвіць

забі Яго! Ён будзе жыць
Маіх зьяўленьняў не скарыць
у Вас усё як маe быць
ня даі Яму Цябе забыць

ЗАБІ ЯГО! (2000)

на поле ідуць калюмны бабаў
за імі дзеткі і мужыкі
сьпяваюць гукі з аль-кітабаў
і лягер б'ецца ля ракі

ты бачыш іх ты крочыш па-за
ляванды мёртва ўецца смак
машына жонка дзеці хаза
а ў роце ўсё адно праснак

пакінь сябе сваім канавам
цябе па рэштках занядбаў
бо ўсё жыцьцё быў марнатравам
і марна траваў назьбіраў

КАЛЮМНЫ (2000)

тры непатрэбных нікому
ніколі і нават сабе
зноў размаўлялі вачыма
і сьвечкі палілі ў в'агне

пі́лі лілі́ сьвяткавалі
у выраі ляцелі ў вакне
несьлі гарбатым гарбату
ўсе тры пэрсанальных КБ

моўчкі маўчалі маўкліва
сьпяваў тэлевізар БГ
рэзка зьлінялі дахаты
ў наступным няхаі абміне

3 (2000)

наступны дзень ня будзе новым
ён будзе марным і стары́м
маланкамі зальле падлогу
і смуткам выплаціць кілім

у хованкі з табо́й згуляе
навы́перадкі прабяжыць
і сам сябе самому верне
а потым дрыжыкам зьбяжыць

каб супакоіцца і зьнікнуць
ён сьціхне ў полымі таньне́й
чакаць на паззаўтра будзе
што проідзе лепеі і шпарчэ́й

МАЛАНКАМІ (2000)

ня ведаеш ты што ня трэ' не ляжаць
ня бачыш што кроплі льлюць зьнізу даверху
як з захаду сонца дае люду пяць
адзінаю меркаі зьяўляецца мер ху

ня хочацца есьці – глядзець бы ўсіо долу
гуканьням зімы ды і расплюшчыцца рупар
Андрэеўскі ўздыме ўсе вулкі Падолу
зубамі расквеціцца сьвіслацкі дубар

нічога ніколі наўрад ці ня зьнікне
усіо назаўжды адыдзе як быццам
бо тыкаі ня тыкаі ізноў табе выкне
хто жыцьці свае кірмашуе па Ніцах

НІЦ   (2000)

сустрэчы з старымі як зьедзены мякіш
нагоды ня трэба ды тэм не знаісьці
п'янлівае піва ліець успаміны
якім на пагост было б трэба ісьці

знаіомых якімі запозна цурацца
бажаньні якіх адчуваеш наўрад
чульлівасьці іх твае вочы ня прагнуць
гульня з-пад ілбамі на позіркі з-над

і нельга паісьці ды так млосна вярнуць іх
намеры крычаць не зьнясілуе шэпт
з парожніх візітаў складае пустое
жыцьціо без здаганаў кульгавы адэпт

ЗДАГАН   (2000)

крышталік цукру коўтаецца ў сьне
разынка солі песьціцца ў далонях
тваіх абдымкаў слодыч водар льле
і застыгае кроплямі на скронях

ты торбамі зьясі ўвесь бэргамот
ды будзеш гвазьдзікам ад век да скону
ружовым крэмам забінтуеш рот
сакральныя прэзэнты забабону

бясконцасьць і нудлівая гульня
ці знойдзецца яшчэ якіх-будзь смакаў
іх прыйдзецца шукаць на вечар для
ля касаў унутры універмагаў

ЛЯМБОЇ (2000)

зіма каляды цэрквы стогнуць
касьцёлы неба б'юць званама
на зорках хлопцы варагуюць
а дзеўкі ломяцца дзе крама

сьцюдзіоны рэкі дрэвы мрозны
наўкола горача засьнежна
памёр мярцьвяк шчытазалозны
і нехта лаецца замежна

імэілы ксэраксы мабілы
знаёмцы сьвяты і пустота
каму нарэшце будзеш мілы
таму і сьмерць нібы рыгота

ЗІМА (2000)

два дні з табою побач разам
два дні віна і пацалункаў
два дні на вуліцах маразм
два дні адсутнасьці рахункаў

і ўсїо астатняе жыцьцїо
ня чуць ня бачыць і ня мацаць
і рэхам іклаў блязгацьцїо
ў грудзїох зьнясільна будзе клацаць

усьмешку выбраную Богам
шукае памяць-кінастужка
ды толькі сталі думкі рогам
а з успамінаў рвецца стружка

ВБР (2001)

я піў тваїо юнакства я наталяў ім смагу
мы нават не знаёмы — „Прабач дазволь я лягу"
франдзёрства бонвіванства я спакусіў маленства;
каханак геданіста ды сібарыт з шаленства

ня ведаеш нічога і ведаць не жадаеш
табе патрэбна шмат — мяне ж ты не кахаеш
я тольмі добры сябра прыемная людзішка
плястмасавы мужык зачыненая кніжка

забруджаная кветка ў дзіцячым нацюрморце
дарослая какотка new user на Апорце
чарговы адначлен — „Ну хопіць дастаткова"
назаўтра зноў пайду шукаць сустрэч нанова

JIM (2001)

два розных сусьветы юна́е мэтро
вагоны паціонгаў – блішчыць вокам шкло
плятформамі станцыяў лучыць даўно
і цягне натоўп да сканчэньня яно

усїо што калісьці ў трубе не знайшло
сваїго ўвасабленьня на іншае што
мэтронамі ў дзірку імкліва праішло
і мяккім блявузганьнем скрозь прарасло

напрамак Кастрычніцкаї кліча цябе
да Фрунзенскаї поезд крадзежыць мяне

ТРУБА   (2000)

знатоўпіцца драбіна
у зе́длы сьцюдзянець
яны зьядуць канфэкці
а потым будуць ець

як сьвя́зень выцьвічоўя
што крывічанскі дзвон
бы граняслоўяў скімні
хендогіх цынамон

змалююць белым небам
па шэрае дрыгве
кульгавама рукама
жагельчыкі ў в'агне

Ю́ЗЬНІК   (2002)

сёньня сьвечы палілі цудоўна
на хвілінку заішоў і сышоў
ты маўчаў і глядзеў красамоўна
бы праз хра́пы расплюшчаных сноў

ўцелаісьціўся стаўся рэальным
падалося чамусьці так мне
будзь звычайным ты будзь маргінальным
заставаўся б ты лепеі у сьне

ВАРАЖБІТ (2002)

слухаць званкі зь пераменаў
каб болеі ніколі ня ныць
ведаць усе дзеясловы
вучнем-выдатнікам быць

хатнія практыкаваньні
і розгі каб невукаў біць
сьмерць як замежная мова
словы патрэ́бна вучыць

(2002)

...укована зямля марозам
чарты́няў разнамïот табе вярзецца
цяга́шчы ву́сьціш адвячорак
сьціскае глы́замі хурху́рык сэ́рца...

ГАЛТ (2024)

жыцьціо – гэта боты людзеі
што крочаць па мокрым асфальце

ПрАзьнеб'е

PrAzniebie

чорны вецер біў мяне нагамі
агнявáў заркáваі халадэчаі
жоўты вецер цалаваў нажамі
захлынаў з пагардлівасьцю нечаі

белы вецер распранаў рукамі
мае бусны зьедзеныя мёдам
пакахаў зламанымі начамі
шэры вецер з прамяньовым лёдам

сіні вецер разуводніў фарбы
і схаваўся ў думак шпітальніцу
нам з табою несьляджоных мар бы
ды нясьвячных думак з навальніцу

каб сурвэткі зьлепленыя зь сьнегам
кветкавалі губачкамі з кавы
а на зьмену хутарковым зьбегам
вецер б дзьмухаў сонечна-крывавы

СЬМЕЛЫ ВЕЦЕР (2002)

іршáвы томік грылявáў
цаглянаі гáдцы па штрасé
мы зустракаліся з дабоі
вяжалі булкаў па крысе

габалі бочы нашы вубы
зь непрадугледжаных малюнькаў
мы путавалі разпачынак
ршавіньне з кволых нецалунькаў

îмшалі трэвамі брабач
балілі фрэзіямі рукі
мы îршавелі невыцьцьо
і глодкаі казыталі гукі

ÎРШÁВЫ (2002)

дым казытаў твае пазногці
бруіў па пальцах на далонь
кусаў закýсаныя локці
караскаўся праз дзіркі скронь

дым шкрабаў шчырыя павекі
вачэ́і блакітных далягляд
ён цаляваў цябе праз дэ́кі
і гаманіў на двоіскі ляд

дым слухаў згубленыя словы
нурыўся ў мяккі твоі язык
калясаваў твоі твар няновы
шпіралі віў сівы кадык

дым валасы кранаў на вуду
вільготна гандляваў шчакеí
Маўчы! Маўчы!! МАЎЧЫ!!! – Ня буду!!!
прабач але я не такéі

БЕ́З АРАПСКІ   (2002)

замежная мова б ірвала язык
які б з паднябеньняў смактаўся ў паветры
ўсе б словы схаваліся ў твоі небастык
зьсякерылі б птушкамі зьвітыя нетры

паштоўкі б купляліся што па чарзе
мне б вочы зьлічылі грашыма няскладна
зьнянацку б знайшоў сам сябе ў паразьне
твоі позірк разрэзаў мяне б красаўладна

шкументы б зьдзіўленьня ў кавалках ня-нет
дзюрком акрамоскі б маіх зачаровень
угаркаў турбацыя ў моўклы б сусьвет
я ўсё б сшапкаваў дзеля твоіскіх жаровень

ПАХОПНЫ   (2002)

я крывавы агонь
троскіх мрояў паперкі
запалюся зь цябе
ў я́тых словаў сурвэ́ткі

тво́і глытаю пагля́д
кадзіроўку маўклівага твару
зьнічкі сьню ў валасах
захвічэ́ньня сьляпога ахвяру

бервяні́ зьядуць жарсьць
палымя́ньні збудуюцца ў попел
запальні́чкаі *чырк-чырк*
гэта будзе будзь-іншага опель

(2002)

жарлі́ва-чы́рствая рака́
па слухаўцы плывéце жабінца́мі
я ненавіджу ваш лязор
ды ї не хачу гуляцца з вамі

сукцэ́сных нумароў рука
праз лічбы зьдзекуецца сьмешна
я не дарую вам спляндор
і вашае сялянскае „*канешна!*"

як з разарва́нага пакета
ня-ӧн'авая сыплецца мука́
у бруїстве цырава́ных сэрцаў
вам не скажу сваіо „*пака¡*"

магнітна стружкамі ў касэ́ту
зьнікаю шыльдачкамі слоў
я вартаўнік ля кожных дзьверцаў
у вашае мізэрства берагоў

¡ЗДАРОЎ!

(2002)

паляўнічы паляўнік
ты мяне засьвечкаваў
небакорны вартаўнік
тваіх дагаў я чакаў

дзесь згубіў сам свої гарнаш
я на дворкі не зважаў
мне ўсїо роўна – їж твої нож
павяргон ушванкаваў

я шапфіры кіну ў здрої
ты засьнéньне ўсільстваваў
юж заўсїоды буду твої
їжбы псот не шкадаваў

яцынктованы гамрат
гамаін зратушаваў
у маю лятарню-ят
сам сябе зьінклінаваў

НАПЕРСЬНІК   (2002)

вечар кожны свае адзіноты
паркавацца вядзе на шпацыры
ўсїо шукае ў їх сымбаль згрызоты
яго дзьвенк назаўжды мёртва-шчыры

дзе скамечаных поціскаў зьмеїкі
заплятаюць ім рукі ў каруны
белым сэрцам гульня ў зразумеїкі
дэшыфрацыя марнае руны

бо ты зычнік – я толькі галосьнік
ненавіджу мої крэм лякрымацыі
бо я зімнік – а ты толькі вёсьнік
без патрэбы твої ляк для крэмацыі

ШЫДАР   (2002)

я буду моўчкі зьнерухомымі вачамі
употаі гаманіць з табоі на мы
спынюся трызьніць каб застацца хоць сябрамі
забуду твоі гідоты енк нямы

калі б я мог рукамі ўсїо закласьці
мы б разам кінуліся ў вір кранальных зграі
але не зварушу *cin-cin*'ам жарсьці
не прабачаі мне і ніколі не бываі

22 (2002)

як у лесе зіма
жоўтым сьнегам хваінкі
цалавала лязом
тваіх прáгнаў журбінкі
запрашала цябе
на свае вечарынкі
ты ж журботна хваіў
ды галіўся ў галінкі

НАПАМІНКІ (2002)

туды дзе мяне не чакаеш
у сэрца шарýфку тваю
туды дзе ўваход зьбервянїоны
туды куды ўсїо-ткі іду
туды дзе мяне больш ня будзе
туды дзе патрэбен ня я
дзе кідаеш зьедка праклїоны
стабýніў ýжо на'т маїо імя
я крочу – мне нельга спыніцца
усїо што заўгодна маўчы
я дурань – я брыдка-шалїоны
узімку як проідуць дажджы...

(2002)

Відýк-дравасéйка жарýнкі на віскуцень кінуў
арáсім-бяседнік заблытаў мне склоны на ён
дзірван ашчаперыўся бруднымі словамі зь іклаў
здухменіўся вечар шпалернымі вочкамі дзён

і чаркавы безьмеж здабыў тваіх сьлёз акавіты
малельныя казкі схаваліся ў кнігі бяз слоў
Засмужаны ранак пазбавіў галоў ад тэрмітаў
дарослыя цені глядзелі ў мяне пагатоў

а я не казаў ні паўцэнта – марудна імкнуўся
разнасьцежыць лёсы ўсіх тых хто мяне абражаў
армарыі думак пазбавіць ад мінусаў-плюсаў
вам брыдка было – а я вам кактэйлі купляў

e2 ці a5? каньом ці ж ізноў ракіроўка?
надхмар'е гартоўнае б'е свае ніці ў вакно
але ўкаркавана імя тваё ў сэрца брукоўку
ў віхоры жыцьцёвым я ўжо не забуду яго

ЛЮБЫЗЬНІК (2002)

людзі пазьбегліся – цырку на дроце афіша
гóрко пабачыць ды зіóлко адноічы спыніцца
мроі малюе нячулымі крокамі ціша
нельга, ніколі, заняты, так, будзем званіцца

рукі пужаліся росквіту час засынаньня
сёньня мяне запаміны кус-кусь абрагоча
пýрпурных пастак гудкі інтэрнэту маўчаньня
сэрца страмоцыі праўды пабачыць ня хоча

слухаі як лабудзя чорных два зьніклі ў крыніцу
мы размаўлялі цэмэнтавых думак маланкі
рушаць засохлыя кветкі маю таямніцу
ў цемры адзін адсьпяваю табе калыханкі

ЗМАРАГД (2002)

мне падалося раптам што дзьверцы адчынілі
і ліпкі вецер вокны прымусіў шамацець
паперныя рулёны праз шэрыя раялі
мяне засмактавалі ў тваіго маўчаньня сець

тваіх разьвагаў ложкі чакаюць нашых гукаў
тваіх паглядаў лазьні струмчаць насустрач слоў
ты правінцыйным рэхам шукаеш рэзкіх рухаў
я буду там дзе ты – я крочу ў Горад Сноў

ГОРАД СНОЎ (2002)

чорным зярняткам
белыя ночы
хэнціцца клікаць
клявішаў вочы

сіверна ў хаце
зьесьці б хоць жамку
веі ўжо тут ды
ўюць пахаванку

ЦЁМНАЧЫ (2002)

празрыстыя вочы сьмяяліся ў сьмецьце
чароўля зашчэрхнула Спруты ручаі
лісавыя дотыкі з опсасных пестаў
у сквар згвалтаваў нівірутны артаі

дазволь, неабходна, так лепеі, будзь ласка
навошта, ня ўзрымсьцяць, кінь рацыю, вер
стусьмечаны ясік апсом зь недалезна
ішоў шахаўніцаі нітведамы зьвер

РЫДВА́Н (2003)

калі сьнягулка падала ў кралоні
і цыгарункі засыналі між бачęі
чырлїоных скрозіркаў їсьмядыя паўскроні
тваіх шукалі квęстыяў рачęі

ютронныя праўзьмесяцы губамі
вільнеткаі белых лініі зьбеглі ўздоўж
дваіх плячоў камэляпардавых ірнямі
спыніўся я між позьдзіркаў бы змоўж

СКАМ (2003)

ніхто не разумее
чырвоны вокагéньчык
кранíтны поціск рук
чаркáвага званочку
славянчаты крамéньчык
шаптáвых сęрцаў гук
мужы́чнага мужы́ку
кульгавых губ шчамéньчык
брукоўцы бручны брук
ды ї не патрęбна больш

(2003)

кастры́нкі джáмбы кастравáлі
адкастравéлі губы косы
і траекторыї кастратаў
кастры́стыя кастроў макросы
ўсе на тваю шчаку прыселі
бы жартам закастры́лі лїосы
бярвя́ністыя словы зьедку
раскастранéліся ў засосы

(2003)

мы так пужаліся прамовіць гэта слова
здавалася што нават сьмерць лягчэі
мая рука хавалася на вашых
і кожны раз вы беглі ўсїо хутчэі

вы лопалі мяне канцылярытам
у карагодзе вуснаў мімагляд
тактыльнасьць не зважала на тактоўнасьць
гербарыі я палічыў за сад

навошта я даведаўся аб тым што
на розных мовах размаўлялі па чарзе
вы папярхнулі мне зьляканае „ніколі!"
калі я выдавіў страшэннае „... цябе"

ЛЯКС   (2002)

тваіх словаў амулеты
абвіналі подых моі
і ляцелі гукаў здрокі
ў разнабокі з галавоі

я чапляўся ў іх падэшвы
біўся ў сіверы ілбоў
укахаў тваю пустэчу
да жароцьця наўпакоў

лютаёжлівыя вусны
высьлізнуць тваіо наімя
праз брузэлівыя вочы
зсутунее пахата

хэнць скушмерыцца апцэсам
не ўтулуюць гаманы
ты апошняе ўзгаданьне
калі поіду на клады

ТКАЛЕ   (2003)

ты бачыў сьлёзы толькі ў кінастужках
калі шчакамі бутафорыі цяклі
музы́каў штучных радыё-гэтэ̨ры
цябе кранальна ў манекенаў сьвет вялі

ты зьведаў гора толькі праз „Навіны"
і быў гатовы ўцекачоў прыняць
змантажава́ных быццам-прэ̨зідэ̨нтаў
ты вывучыўся ненавідзець і кахаць

адноі́чы толькі крыху ўсказыталі
нефарбаваныя пачуцьці клець тваю
але сьляпыя роўнядзі люстэ̨рка
ніколі імі больш не закрану

АДНОЙЧЫ (2002)

чужыя імїоны я перакладаю
на ціхія словы якія ня чутна
натрочваю іх дубальтоўкамі сэ̨нсу
каб кожная дробязь гучала магутна

каб рэ̨залі ў лыч новым мускулам гукаў
і быццам барлёчамі ў нос цалавалі
каб зьезьдзіў па вочках кулак першатвора
дзе моцныя выразы б'юцца за ралі

Парыж іх кахае – Дакар пагарджае
яны як баста́рды хвальглёрных гісторыі
што лепшыя зоркі пільнуюць на сьцежцы
якія шкарпе̨цяцца ў іх лепразорыі

у будзь-якой мове яны недарэ̨чны
і іх перакласьці – пустая агіда
вантробы імїонаў вандруюць па целах
а ноччу крыжуюць свайго гамініда

ПЕРШАКЛАД (2007)

белым дакорам па сэ́рцы ліліся шарла́ты
я́гласьць мая́ не сьпяшалася ў стру́шняў сувор
шчэ́петы ў твары тваі́м як аскітнікі ў шатах
я ў чорнаклён назаўжды закаханы явор

хоць не жадаў быць з табо́і – доля ўсі́о ж канава́ла
сінім абуткам зіма цалавала твоі шэ́пт
смажаным пеўнікам кроў твоі́ абрыс малявала
я не знаі́шоў што хаваць у бяз маркі кувэ́рт

ДРЭ́ВЫ (2002)

мая зіма кахала вашу
увэ́псы лётаў авадзён
машлі́вы дзень лыгма́ніў ке́льню
я разумею ваш затон

груньом піў гі́неі вісажа́ры
у ї́одысьць сэ́рца ўскокне здрок
гарункі персьня́ў белькаваных
цурляць пам'егі ў моі́ барок

мая зіма чакала вашу
за кім яшчэ мне трэ́' ўлягаць
паквольна мсьлівыя балокі
я больш ня ў стане стусуваць

ВОГІР (2002)

у тэлевізар скуркава́ныя абрысы
сьпявала горлам гімны Саі́нхо
і сьвечкі пеліся няўхі́льна – і́х глыталі
на спадзівосы толькі для яго

(2003)

ніколі зашмат
мы робім выгля́ды
хаваемся ў позіркі
нібы ў шуфляды

варкотна глядзім
на нямыя памылкі
адзін праз адзін
думак шна́рныя змылкі

ўсе кветкі ў букетнік
дзе ты – там дагон
старман зьлюдаежыць
буду клясьці ў карон

НІКОЛІ ЗАШМАТ   (2002)

я гляджу на яго праз вакно
ён ня бачыць мяне – а я бачу
ўсім насраць і яму напляваць
я прабачыць яму не прабачу

ты згубіўся калі ты адзін
сам сабе не патрэ́бны і нікому
ты як я́тнік сваёй галавы
не існу́е гасьцінцаў дадому

ты муруеш пагля́ды ў сьцяну
твая пастка фарбуе малюнкі
тваіго роспачу дзёгністы шаць
прымушае да дна выпіць тру́нкі

а між тым у бязэ́ньніцы ночы
хтосьці іншы прачнецца ўва сьне
Кменны Княжыч яго залуня́ець
бо яму́ ён свої ку́жаль прадзе

КМЕННЫ КНЯЖЫЧ   (2008)

я маўчу калі бачу цябе
я ня зьведаю больш утрапеньняў
ты таксама маўчыш не жадаеш
малмазіїных салодкіх квічэньняў

так і трэба – няма што рабіць
ўсе дыскусіі сыдуць на нуль
мы камшолім ілбоў разнабокі
і зьлягаемся ў хутры з-за куль

АЛІТКА́ (2003)

па сьценцы ходзіць па́сьцень
хаваецца за цені
ён моцнымі вачамі
цалуе вокамгненна
і грукацяць гарматы
і сенам паляць сені
і думкі крумкачамі
кранаюцца нязьменна

(2003)

мужчына ехаў праз мэтро
ды плакаў мае сьлёзы
ён не глядзеў у бок людзеі
не шчыпкаваў дрымосы
ён проста ехаў і маўчаў
глядзеў на ўсіо спаўколы
тыке́ля голас абвяшчаў
прыпы́нкавых назовы
ён хутка плакаў і сапеў
я чуў яго паўголас
але нічога не сказаў
бо крохка зьехаў з полас

(2003)

завулкам гэтым проїдзеш толькі 'дноїчы
ня вернесься ніколі больш нанова
вакенцы прапаюць табе гасанну
тваїо з асфальту высмактаюць слова

тваїх шпарка́вых крокаў гукасьцені
спужаюць сьмерцярадам ліхтатроны
і шкля́ных падваконьняў калюмнады
твае разжыгацеюць шальбабоны

так цяжка назірацца за табою
агу́рлівасьці здараўча́ны пре̒мень
дазволь тваїм заклекнутым завулкам
паціху сьцерці сьціслых сэ̒рцаў кре̒мень

СЬЦІСЛЫХ СЭ̒РЦАЎ КРЭ̒МЕНЬ (2003)

скажы калі-небудзь прабач
дашлі на мабільнік пракліёны
мяне больш з табою няма
шчасьлівы што ты здавальніёны

змаўчы каму-небудзь „люблю"
як быццам калісьці адноїчы
згартуї максімальна ўсе я
і нас больш ня будзе па-двоїчы

хоць-небудзь зрабі Рагнарок
сюрпрызьні марозівам губы
разгвалці крулеўства сваїх
адтанчы са мной шубы-дубы

ня цяжка калі ўсїо ня так
бо ї горы здараюцца ў полі
мне лёгка забыць на цябе
але гэта ўжо больш чым ніколі

БОЛЬШ ЧЫМ НІКОЛІ (2006)

сéннага погляду зубы зь мігдалін
аром бутэрбродны зьляка́нае ружы
tseы Чорнага Месяца сын зь небакра́лін
Галяндскае Гя́нджы дачка ў сонцасьцюжы

твае вымаўленьні ня чуюць аля́рму
стрыжань раптовы ў падшпа́ркавых бзыках
раскол раскілбасу ілбовага шарму
жыцьцё безграшовае сьмерці ў пазыках

зярня́тныя ночы па пільнай патрэ́бе
ап'я́нчывых мрояў чарговыя мы́нкі
ку́даса бруду ў шувеі́нае зрэ́б'е
пабачаных саіта́ў маіновыя лінкі

АНЕ́Г   (2003)

як быццам хтосьці ходзіць
нябачных крокаў цемрадзь
і цішыня каўтае
нячутных стогнаў плач

на стадыёне мёртва
але равуць трыбуны
і на афішах зноўку
наш несканчальны матч

з адключанаі мабілы
дашлюцца эсэмэ́скі
нявартых словаў зграі
шматкроп'е праглыне

ня трэ́ба бо ніколі
ня ёсьць, ня быў, ня буду…
ўсіо што табе здавалася
прымроілася і мне

ПОРСЬЦЬ   (2007)

зпалілі здрэвы зь пілаў зокі
нашто зьлякаўся зьдзіўнай змары
з крывїої зкусалі апэльзіны
навошта высушыў замшары

зхавалі знозіркі праз зкрокі
разпальвалі маўчаньнем знубы
зкраталі зколкамі празьціны
з вачамі зкараціді згубы

аї-дзе зьбіраў зь бярозы кветкі
куды зьляцяцьназтупстваў зрокі
ўсе знормаклёвыя зжаўтліны
зрамотліва зказалі зпокі

ЗПОКІ (2003)

калі не їснуе́ нічога
нашто ў сабе свої боль трымаць
навошта гла́сьціць спаміна́ньні
пра жарсьці ды пакуты дбаць

калі ніхто ня мае рацыі
нашто пачуцьці ажыўляць
навошта крозіць спадзяванкі
і галаву сваю ламаць

калі ўсїо ёсьць і будзе пораш
нашто глядзець і што чуваць
навошта заракацца быццам
ня буду больш цябе кахаць

калі ўсїо гэта неїстотна
нашто навошта з-за чаго
я толькі твої чакаю голас...
ўсїо марна – бо няма яго

БЯЗСЭНСІЦА (2008)

чакалі дні малюнкі ночы
газэты рукі лямпы вочы
завулкі вуліцы прашпэкты
ня-гукі гоманы і шэпты

чакалі птушкі і фантаны
кузуркі рыбы дабэрманы
сузор'і сонца месяц неба
„*напэўна*" „*супраць*" „*за*" „*ня трэба*"

чакалі ўсе твае „*заняты*"
„*я не магу*" „*паїду дахаты*"
падманы подыхі абдымкі
CD касэты фотаздымкі

чакалі губы і шкарпэткі
відэльцы *vodka* дзьве сурвэткі
імгненна доўга вельмі хутка
кампутар сьмешная анчутка

чакалі ўсе хаця б нядоўга
БТ „Надвор'е" ЗАГС ля морга
сябрамі, разам, паасобку
цябе аднога, ўсю тусоўку

чакалі вёскі рэкі пушчы
бялкі цукеркі соль і тлушчы
їгруша яблык сок сасіскі
шпалеры піва ногі рыскі

чакалі мёртвыя жывыя
і [не]прыгожыя дурныя
алоўкі дзёньнікі і вершы
каб кожны новы быў як першы

усїо жыцьцїо і сьмерць чакалі
цябе цябе ЦЯБЕ кахалі

(2004)

дзень праішоў быццам шкло
хтось нагой раскулачыў
я складаю судзебнік
некранальных задачаў

вецер дзьмухне ў вакно
і адно з таго пер'я
што калісь ты зьбіраў
дома маю цяпер я

тут напэўна ажно
эсэмэскі трымаў ты
ноч ідзе быццам дзень
думкі б'юць быканаўты

ПІЛІГРЫМЫ НЕНАРОДЖАНЫХ ІДЭЙ (2004)

мне не хапае сьлёз
і я гляджу мультфільмы
сярод сьмяротных сем
забылі на адзін

імя́ яму́ каханьне
фігуры праз люстэрка
ня стрымліваюць вочы
ня чуюць і маўчаць

абодвум немагчыма
так нельга гэта млосна
даваі рабіць што-небудзь
ты так мяне дастаў

напэўна гэта ўсіо
і гэта ўсіо дарэмна
апошняя сустрэча
а колькі іх яшчэ

я выключыла фары
нікуды больш ня еду
ня трэ' тваіх ахвяраў
я не хачу каб ведаў

усïо ідзе як трэба
усе праекты márны
наелася прыклёпаў
і розных геднінгárнаў

твае крывыя словы
кшталцуюцца манераў
у вопратках льняновых
заўсïоды буду зьлева

СТАР-РЫ (2004)

дурненькі краказяблік
ты поўзаеш па сьценцы
ня любіш Пі-Джęï Харві
шкрабеш свае вакенцы

раптоўна не зьнікаеш
як крохкая кузурка
мышкуеш з дыванкамі
тваïо жыцьцïо абсурдка

куды ж ты закаціўся
нашто ты захаваўся
ці ты каму патрэбны
навошта распужаўся

нягеглая інсęкта
схапі мяне вачыма
хто з нас каго задушыць
не падыходзьце міма

КРАКАЗЯБЛІК (2006)

жыцьцïо ня мае сэнсу
нідзе і не шукаï
надзеï ажыцьцявімасьць
маўчы ды пракліна ï

жыві адным лятункам
хаваï яго трымаï
нязбытна-незьдзяйсьняльны
бяз сэнсу захаваï

КРОЗЬ (2005)

Мора кахае тапельцаў сваіх
кунéжыць іх моклыя твары
рве зь іх адзежкі – кранае пад дых
вантробіць наступстваў ахвяры

гукі іх нішчыць крыві макразём
парады крадуць іх парады
сьмерць нараджае іх новым жыцьцïом
іх смáгу патоляць змарагды

будзе складацца зь іх думак труна
сібэрны бажок без праклïонаў
іх закаўтáе фантазмаў манá
паветрам манежных салöнаў

бісер бурштынавы сыпле ў вакно
бо Мора ў в'адказ не шукае
кíдае здохлыя лïосы ў рыгво
штодзень мімаходзь памірае

JŪRA* (2005)

---

*Jūra [ю́ра] – „мора" (латыская).

ці маюць сэнс асэнсава́ныя пачуцьці
ці маюць рацыю сэнсоўныя учынкі
нашто запальваць незгасальную запалку
калі ў тваіх вачах няма маёй разынкі

калі ты больш ня чуеш нашых словаў
калі цябе як быццам бы няма
калі ты тут але сыходзіш вокамгненна
і ў кожным з нас сядзіць свая турма

Магутны Бог нашто ты чыркаеш запалкай
нашто яе так безсэнсоўна паліш
табе таксама захацелася каханьня
ці проста так ты нашы жыцьці баўіш?

ЗАПАЛКА (2005)

цябе зьядуць – рыхтуй прысмакі
да бляску блюды – ўсё як сьлед
апошні фільм Kaurismäki
курляндскіх сьлёзаў арбалет

пярсьцёнік жыціме адзін
і ты заўсёды будзеш марным
і колькі б Бога ні прасіў
ён кіне ўсё ў касьцёле фарным

чакаеш іншага – забудзь
ня трэба словаў – трэба дзеі
і хоць нічога не было
шукацьмеш вопратку падзеі

ты не жывеш – цябе няма
ня бачыш сноў – ня маі зарокаў
глядзіш праз шчыліну ў жыцьцё
і не жадаеш чуць іх крокаў

(2007)

мары Мурэны мяне закаўталі
у цёплае ложак прыціснулі сны
сустрэчаў гадзіны мы прамаўчалі
і рад не давалі ў в'атрутах маны

мы́ ўжо ніхто і вайна паасобку
і іншых пужаюць рэтардаў агні
вып'ем парфум што схаваны ў каробку
я больш не цягнуся і ты не цягні

МАРЫ МУРЭНЫ (2006)

туманы сёрбалі асфальты
мы выдумлялі першы раз
здавалі смальту фірме з Мальты
праз горлы дзьмухалі на газ

згалілі рукі паштальёнаў
губамі распраналі сны
я не маўчаў тваіх праклёнаў
ты не спаліў мае лісты

ШЧАНЮК (2004)

блакітны сьнег ня ведае цяпла
галубіць сон сьняжынкавай пяшчотай
каўтае вочы люстраі забыцьця
працуе жвава якасна ды ўпотаі

і вось ужо паўсюль балюе лёд
свой мюзікл сьпяваюць шугавеі
сьняготка запрашае ў свой сумёт
а я згубіў апошнія надзеі

БЛАКІТНЫ СЬНЕГ (2007)

хвашыстам не даруюць падарункі
ім не патрэбны мужныя бажніцы
калі ты сам сябе не абрабуеш
не застанецца іншае крыніцы

няпоўны месяц будзе зьзяць лунява
хвашыстаў тэлефон ня мае сімкі
ня трэба цягніковых разьвітаньняў
заночных пахаваньняў фотаздымкі

чыгунка рэжа коламжніўня сьвята
канец заўжды сумуе па пачатку
„*бывай...*" – „*давай...*" рука трымае вочы
хвашысты не схаваюцца ў пальчатку

ХВАШЫСТ (2006)

мале́нькія крокі
амаль што нябачна
трымацца за позірк
прадонных вачэ́й

кружэ́лкі шаліёна
аднолькавых словаў
пацеляцца думкі
я крочу шпарчэ́й

нічога наўкола
больш не заўважаю
ты блізка ты побач
бягу там дзе ты

здаецца 'шчэ кры́ху
вось вось – і раптоўна
удар галавою
у цэглу сьцяны

ЦЭГЛА (2007)

люстэркавыя дзьверы зачыняю
і языком сьлінявіцца канвэрт
цябе ня бачу крок ад кроку забываю
малюю слова зь першаі літараю „фєртъ"

упэўнены што так рабіць ня трэба
на сьметнік, з хаты, прэч, спаліць, агню
я з асалодаю ўсе ніткі адрываю
бо я ня ведаю, бо ведаць не магу

ЛЮСТЭРКАВЫЯ ДЗЬВЕРЫ (2003)

бо люблю вандраваць па бягучых сьнягах
назіраць цыгарэтаў шкілеты
ўсіо нагамі штурхаць ільдзяшы́ную поўсьць
і цябе разьбіраць на сакрэты

не хавацца абноч ад сігнальных машын
былінáры свае распранаю
публікáткі паліць і ў тралеібусах спаць
тваіх брýхаў цурбалкавых зграю

BRUJO* (2004)

цалаваць
сябе самога ў губы
зазірнуць
сабе самому ў вочы
вандраваць
па скончанаму тракту
і дняваць
пад размалёўку ночы

(2006)

---

*Brujo [брýхọ] – гоібіт, чараўнік, вядзьмак (гішпанская).

нават зоркі ў небе паміраюць
я ня здольны ім дапамагчы
не хапае ідэальнаі веры
згублены патрэбныя ключы

я рукамі стрымліваю вецер
рэжу немагчымасьцю людзеі
зоркам падпісалі дамавіну
больш няма ніякае з надзеі

выканаць апошняе каханьне
вочы космасу сьлязоі прамыць
зоркі пахаваюць і забудуць
дзе моі труп анучаны ляжыць

НЕБАКОЛЬЛЕ (2006)

блендамэд тваіго каханьня
вусны рэжа як маланкі
і ўздымаюцца на шчоках
пачуцьця маіго альтанкі

адузорвае валечна
шчэць сьняжынкавыя стругі
кроплі ўзьярана каўтаю
зубы рвуцца ад напругі

хаі язык спазнае сьпёку
цісьні больш – хаі цюбік трэсьне
выдушы зь яго ўсю пасту
у цябе яшчэ штук дзьвесьце

БЛЕНДАМЭД ТВАІГО КАХАНЬНЯ (2007)

ня мае ўзросту рэха
яно жыве імгненьне
чакае мяккіх словаў
і гучнага наіменьня

яно будуе цуды
але ніхто ня чуе
яго нактурны лямант
на зорках варажбуе

твае пільнуе мроі
зьяўляецца ў іх воўкам
а ты жывеш на месцы
стандартным ціхамоўкам

РЭХА (2007)

змаразьдзі́ мяне сваёю непавагаі
не прыходзь і не трапляйся вулкаі
не глядзі з суседняе пацёнгі
цераз шкло панчохаю прамулкаі

як сукерка з сукру і алею
дзе фундук какава ваніліны
і вяршкі сухія ды какосы
вугляводы тлушчы глязурыны

табе назва – Чырвань Камунаркі
табе кошты – зьніжка сто адсоткаў
зласава́цца ды ірваць паперкі
тваіх гукаў зьбітая праводка

ЧЫРВАНЬ КАМУНАРКІ (2003)

цябе зьбіралі Верхняга Егіпта
экалягічна чыстыя паветы
табе сьпявалі гва́гаранкаў гаіні
усім заўжды вядомыя сакрэ̣ты

ты ружа-кветка Белага Кітая
твае сашчыкваць сядзем калыханкі
я лёндрыкам нясу табе дагонку
каб я́жгал сьпе́рыў ву́спухлі-падманкі

ты цыгарэ̣тка ў шклянцы з-пад півасу
мы дамалюем кропачкі над ö
а я дадам стае́ньнікавых кіпень
і закладу нядумак думаўё

КАРКАДЭ (2003)

я буду цалаваць цябе праз вулкі
я буду лашчыць тваіо рэха праз званкі
я буду назіраць цябе праз фота
тваю ідэю складваць у жбанкі

будзь ласка не здароўкаіся са мною
будзь ласка не кажы мне сувязь ёсьць
будзь ласка не чапаі мяне вачыма
мне невыносна жорсьці тваю жорсьць

я не кахаў нікога і ніколі
я не адчуў таго каго жадаў
я невядома недаверліва няўдзячны
бо я заўжды усім усіо казаў

ERO194G5 (2003)

сьвятлом зялёным сьвятлафоры
і белым дрэвы водарздолле
цябе сшукаўся кацавеі
чырвоных вецьцяў коларволле

цябе трымалі травы ў зубы
чаплялі сьмецьцем крумкачы
твая зямля пад'їнеї зьела
і затуптала таўкачы

ты праз зачыненыя дзьверы
крывотлівыя зругі піянэркі
такрок разьбітыя купанкі
натурыста глядзісься на люстэркі

СОМА (2003)

шаблёны лакна́юць лякальнае піва
сістэмна гвалтуюць адзін будзь-каго
у схемах ня бачаць заўзятага выйсьця
ды сьлінкаї частуюць вам грэйма брыво

шаблёны як людзі – а людзі як схемы
а схемы як пляны бязьмежных краін
і дзеля прыклёпу ты кажаш мне словы
у думках мне робіш крывавы загін

ё' час для маўчаньня – ё' час для размовы
а я для каханьня замшэлых машын
павыкінуў пронізьні пацеркі пэрлы
частуйцеся сьвіньні – я сыплю бурштын

БІСЕР (2003)

ты пры́від-цягнік перабрэх сярод колаў
у тамбуры курна нікога наўкол
адзін у купэ я чакаю гарбаты
ды і нават газэтаў ніхто не нясе

у свой тэлефон я хачу тваіх словаў
мой самападман дараваў мне дазвол
твой твар праз вакно я гляджу бы закляты
вось радыё-кропка сышла пакрысе

дык даіце ж гарэлкі паперы алоўкаў
мая сублімацыя льлецца на стол
такіх называюць паўсюль сама-каты
ты ўжо не заўважыш – я зьнікну ў расе

АСІПОВІЦЫ (2003)

ты бачыў чорныя агні
адбіткі ценяў
чырвонай стужкай вуснаў губ
крозь кроў імгненьняў

яны чакалі на цябе
ляцела пер'е
ператварыўшы іклы ў зуб
маё празьмер'е

цябе кахалі і клялі
клалі на сьметнік
не захаваў прывідаў жар
сам-пан сабетнік

КІШЭННЫ ДОЖДЖ (2004)

глядзелі фільм якога больш ня будзе
праз ля́лькавага сэ́ксу карагод
падфарбавалі рохкую пустэ́чу
забілі словам не стрыечны рот

даваї расхе́льзьліваць адзін адному вочы
як Нансэн пілаваць сваїго ката́
зсурочым забабонам зэ́затэр'е
хто з нас Гюрджыеў – ты ці зноўку я?

гуляць паліць маўчаць – хадзем гыкацца!
хачу зубамі перамроіць цэглу сьцен...
сабвэ́їкія́нскіх калідораў мазгатроны
наўза́цмачкі цалуюцца ўзамен

МІРАКЛЬ АБ МІМОЗЕ (2004)

ратуї мяне! ратуї прудчэ́ї будзь ласка!
пазбаў мяне ад цішыні і Мора
ды адзіноты брыдкае і вязкаї
бо кожнае імгненьне толькі гораї

дазволь забіць! дазволь цябе забыцца!
напоі зрабіць з брушніцаў і чамбора
але ўсіо тое што здаецца быццам
ня мае аніякага валёра

прабач мяне! не, прабачаць ня трэба!
было замала і радасьці і гора
блакіт тваіх вачэ́ї каме́нным небам
табе самому 'шчэ дасі паліора

КАМЕ́ННАЕ НЕБА (2008)

– Вялікі Князь, чаму ты больш ня плачаш
і не хаваеш ад мяне вачэі?
Чаго рагочаш, сьмехам вусны лашчыш?
Дзе сум і роспач, што былі раней?

– Цярэдначы прачнуўся раптам я:
жаглюе вецер, вые крутавея,
чумажны месяц нешта кажа мне...
У сенцы я паклікаў варажэя.

Даўно стаміў яго сваім пытаньнем,
бо заўша ведаць я жадаў адно:
як выйсьці з кола наўскай адзіноты,
што труціць ноч як пруткае віно?

„Вялікі Князь, ты ўжо закалябаў!
Не існуе адказаў на пытаньні!
Няма нічога! Даі крыху паспаць!" –
Яго адчвартавалі на сьвітаньні...

Цярэдня зразумеў і я нарэшче,
што толькі так яно і мае быць:
калі я Князь, а ўсе навокал – быдла –
зь яго сьмяяцца трэба, трэба кпіць!

– Дык вось у чым прычына, Князю мой!
Тваіго я бачу сэрца кракелюры!
Ты толькі мне патрэбны быў! – таму
бяры труну: мы поідзем на хаўтуры!

ВЯЛІКІ КНЯЗЬ (2007)

твая прыгажосьць шчыпле вочы
ды рве насалодаі язык
закладвае ватныя вушы
азнобіць гарбатаі кадык

твая прыгажосьць б'ецца ў ноздры
яе немагчыма трываць
твае парфумэрныя сьлёзы
усмокча бутэлькавых гаць

каркуюцца рукі эсэнцыі
каханьня цнатлівы дэмарш
і твоі асалодавы водар
змалюе ў паветры моі шарж

КАНТРАБАС   (2006)

мне балюча дыхаць гэтым сьветам
бо так горача хочацца жыць
пакахаць пахаваць стацца сьмелым
і цябе назаўсїоды забіць

не чапляцца лятаць паасобку
не званіць пустабрэх не муціць
спампаваць марнаценьні ў кардонку
і цябе назаўсїоды забыць

любіняткаў дэсант рэжа глотку
непрамоўленых слоў не адмыць
я набыў усю тваю пазалотку
каб цябе назаўсїоды любіць

ТС...   (2006)

ня рві мне сэрца – фарбаў мураваньне
бо іх і так амаль што ўжо няма
я выдаткаў яго на тлумнае чаканьне
дзівоснага кранальнага Агня

я не знайшоў цябе бо гэта немагчыма
ня будзе happy-end'аўскім канец
ты б'еш мяне як мулкая ляічына
малюеш мне на сэрцы свої рубец

таму ня рві мне сэрца вэрмільёны
у іх зашмат куглярскага віна
тваю калекцыю складаюць забабоны
а я шукаў вызорнага Агня

ВОГНІК (2008)

трызьнілі сьвечы – шукалі падтрымкі
рукі твае не знайшлі паратункаў
белыя мяккія хуткія вочы
больш не пабачаць ніякіх малюнкаў

ты не забудзеш і я не забуду
ты не даруеш і я не дарую
ты не зацеліш і ў госьці ня зойдзеш
і я ўжо ніколі цябе на пачую

(2007)

шкля́ныя кветкі ня маюць надвор'я
яны як атруты чакаюць цябе
і нават у выпадку голадамор'я
яны будуць побач як быццам свае

(2006)

ногі спакусу ў юргі́ні хава́лі
сма́глыя рукі – вачэ́і адама́нт
ты „не" жадаў – і цябе сьвяткавалі
і лужыны пры́цемкам піў рызыкант

(2009)

птушка шчасьця мільгану́лася ў натоўпе
рышшымыта́ўся дождж і зьнік яе сьляды
я цябе ўжо больш ніколі не пабачу
і ты ня ведаеш што птушка шчасьця – гэта ты

ты кудысьці паляціш далеі па шля́ху
наўрад ці хто заўважыць бляск тваі́го крыла́
...хурхуровы туманок праз ахвіра́нкі...
бо ты ня ведаеш што птушку шчасьця бачыў я

АСТРЭНЕЦ

(2024)

*жыцьцё – гэта пазл
які немагчыма скласьці*

Пázaлki

Puzzle Key

яцым ю кяд'еймін бягёі
мыгёкя мыдж'ёкя маня
ірфямія зюфасы т'юнгы
кўюгяманёдмякя тма

кёўятма кёр'ядж'я дзыхя
зьдзуш'я зьбагёд'я TV
р'ят'іядзільмяа дзэнр'яць
жбяргя ом бр'ільцэ дзы фі

эш'я сяёдгы фяпўёгы
тошч мяпіфяэ д'янд'ян
цэя зфяоль мэзфяпёт'і
мыгёню запэ мэ ятт'ян

ІРВАНЫЯ СУВЯЗІ (2002)

мінулыя людзі як румы
зьяўляюцца перад вачыма
я ня згадваю іхніх імїон
аднавіць іх ужо немагчыма

я ня бачу іх твары і вочы
ня чую іх фразы і кпіны
я чакаю тваіх званкоў
хоць ня маю ніякаі прычыны

мае думкі як колер у мроі
як горкія яблыкі словы
толькі ты мої адзіны сон
але ж кожную ноч быццам новы

мінулыя людзі сыходзяць
зьмяняю старыя паролі
яны зьявяцца заўтра ізноў
толькі ты ня прыйдзеш ніколі

КВІТНЕЮЦЬ ЗРЭЗАНЫЯ КВЕТКІ (2012)

я больш ня буду турбаваць цябе
бо сонца раскалолася на часткі
табе ліхта́рыць зноў ня здольны я
стаў тлусты непрыгожы і грувасткі

я закаціўся і мяне няма
мої падарунак лашчыць носам сьценку
вячы́та выдаляеш эсэмэс
цягну сябе ў бліжэ̨йшую абменку

мяняць пачуцьці па выгодным курсе
ды на дзьвярах заўжды вісіць „сан. дзень"
я заліваю промні аляка́нтам
і ўжо стаміўся біцца ў рашацень

ІЗБОР (2009)

я сядзеў у Бога на каленках
і гарта́ў нябачны сшытак дзён
дзе напісана што Неба будзе вечна
а Зямля народзіцца наноў

таінныя іміоны ўсіх сузор'яў
астэроідаў і чорных дзірак сонм
брудныя сакрэты супэрноваў
жы́цьці зьнічак страчаных наўмор

сшытак скончыўся, кваза́ры ціха згаслі
я ня вывучыў іх прозьвішчы наўзмоў
Бог сказаў: „Каленкі зацякаюць,
прынясі зь лядоўні млечны ром".

я хацеў задаць Яму пытаньне
бо ж Он ведае і адчувае ўсіо
але я́нгулі ўключылі папку „Гімны"
Бог заснуў... Он сьпіць... Он бачыць сон...

ЖЫЦЬЦІО НА ПАМЯЦЬ (2014)

забяры сваю сэрца з сабой
ты забыў яго тут, на падлозе
ахіні яго ў чорны пакет
кінь у сьметніцу, там, па дарозе

да Нямігі дзе хвалі ракі
б'юцца ў сьценкі іржавай трубы
дзе руйнуюць будынкі і памяць
і марнуюць свае жываты

праз Міцкевіча ўверх па прыступках
міма сьцежак і дрэў па баках
да вакзала дзе кожны цягнік
без раскладаў свой ведае шлях

не вяртайся ніколі назад
вось мэтрон, ты адзін на плятформе
на гадзіньніку будзе нуль:нуль
ўсё заўсёды заўжды будзе ў норме

ІМПАТ (2009)

мы сядзелі з табой ля мэтро
і пілі беларускае піва
побач людзі ляцелі ў кіно
ўсё здаралася з добрага дзіва

цыгарэты палілі цябе
вечар хутаў ліхтар жандаровы
нам здавалася час не ідзе
і ня трэба ніякай размовы

толькі б бегчы ў цукровыя вочы
ледзь тануць у тваіх завітках
ды згубіць сябе ў гозкія вусны…
і адразу забыць не па днях

КОСЬЦЬ (2009)

надзея памірае не апошняй
яна жыве нядоўга нешчасьліва
надзея памірае самаі першаі
і толькі застаецца вера ў дзіва

малітвы не прыносяць паратунку
і вера ўжо зьнікае назаўсёды
яна саступіць месца для каханьня
халоднага і цьвёрдага як лёды

якія душаць ціха і марудна
але яно таксама не бясконца
усё згарыць адноічы вельмі хутка
у промнях ранішняга ўзья́ранага сонца

П.33   (2009)

галубы́ засралі вокны
аж ня бачна сонца больш
і адмыць іх немагчыма
дапаможа толькі нож

а калі ён затупіўся
варта хіміі набыць
заадно папраць фіранкі
бо так нельга болеі жыць

лепш напэўна дом бяз вокнаў
каб ні дрэ́ўца ў гарадах
трэба птушак што ня серуць
і жаўрук яшчэ ў руках

харалу́жнымі чапа́мі
веяць душы з нашых цел
і каб мухі не ляталі
нам патрэ́бны арт_абстрэ́л!:)

АРТ_АБСТРЭ́Л   (2010)

ледзьве цягне цягнік
недалу́жным мядзьведзем
у вачах ледавік
мы нікуды ня едзем

я нікому ня веру
ты заўжды гэрэты́к
мы схавалі ў паперу
галаўны непратык

клу́сты вечар прыходзе
зноў кудысьці ты зьнік
пагуляўся ды і годзе
забіваі на мне цьвік

ЗАРНІХ (2009)

жанчыны несьлі свае горы
каб гандляваць іх на базар
турботы ліхі скаргі жа́лі
пазахіна́тыя ў муар

свае ліхту́гі безнадзеі
адча́і вусьцішнасьці сум
жадалі распрадаць наўмы́сьля
але ня спраўдзіўся наду́м

наўзьдзі́ў наўздоўж наўзрок наўкола
наўнэт науме́це науманкі
свае куна́тыя раху́бы
яны паскладвалі ў жбанкі

агораныя беды ў хаце
пілі́ як ся́дравы адвар
бо горычы ня маюць коштаў
яны дары, а не твар

ГАР(Р)ОТА (2014)

першы сьнег зачыняе вочы
і сьнягу́е кудысьці ўніз
ён марозівам ласьціць губы
пацалункавы антыфрыз

разгубіліся словы ў паветрах
мы курта́жым язык да крыві
і раста́ем з табой неўзабавах
у васьні́вых абдымках імглы

ЗБОЙ (2009)

мне нельга думаць пра цябе
тваё імя пад забаронай
прарэ́зьліва-імскли́вы дзень
сваёй шаршаткай выкшталцонай

ірве мне горла на шматкі
язык што быццам бы з вэлюра
нямога крыку кожны гук
зубамі стрымліваю: „⌒⌒⌒!"

НЕМАНЬ (2010)

яны танцавалі і проста маўчалі
і рухі ня значылі больш анічога
касэта ня грала і вокны пацелі
іх рукі стаміліся ў пошуках Бога

яны вандравалі па цёмных пакоях
сядзелі на крэслах, цягнулі кілішкі
палілі і дым засынаў на іх вуснах
і кожны зь іх быў па-сапраўднаму лішні

БОГА (2010)

безсэнсоўна ў залéве шукаць
дзьвюх аднолькавых кропляў дажджу
на твае сухамя́тныя словы
я забыцца наўрад ці змагу

не жадаю, ня буду, ня трэба
быццам пля́гі – я чуў іх ня раз
чорным подыхам цьмéюць пустэльні
тваіх мёртвых бясколерных фраз

ёсьць адказы – пытаньняў няма
залаты́ не літу́ецца ў срэбны
я хачу быць з табой у імжу
ніхто іншы мне больш не патрэбны

ПРЫГОЖНІК (2010)

я хацеў паглядзець гэты фільм
і адчуць яго разам з табой
а потым схадзіць на выставу
у кавярні спрачацца аб ёй

паказаць табе той сэрыял
ці гэты паслухаць альбом
запісаць табе новыя кліпы
і біцца ў цябе ілбом

я хацеў з табой разам выпіць
гарэлкі і колы з ільдом
а цябе як заўсёды няма
ты маеш дзіця і дом

каханую-спэрмапрымальнік
працу крэдыты спакой
жыцьцё як яно мае быць
я адзін – ты ня побач са мной

16.10 (2011)

я ня ведаю прыпынкаў
ды іду кудысьці вýлкаі
гýлка
мýлка
шпацырýю
мої сігéнь ляціць лягчę́і
я скажę́ны
неахáіна
небаўскрáіны
крочу ноччу
поўз алёсаў
цíшаі
вышаі
і 'шчэ крышачку шпарчę́і
хвíлі ветру рę́жуць рукі
я сігáю праз турокі
а скрыльокі наўспамíнаў нарыпáх бягуць дамоў
я складу іх у шарę́нку
ды скуїоўджу
ажаргáю
павышморгваю ўсе скáбкі
разстраляю на буí
дзень-у-дзень я буду шкéліць
велягýрыць
мудрагéліць
наліваць у кéлюх пýшны і пуковы млявы мжęль
коптарам
набгом
наўвéце
наўзлакоткі
на тым сьвеце
ты адноічы зразумееш
а хутчę́і за ўсïо што
не

АЛЁ? (2013)

я так сумую па табе
мне не патрэбна больш нікога
але каб толькі быць з табой
сядзець на кухні з поўвасьмога
і му́зыка нягучна побач
нябачных позіркаў агонь
зачыненыя ў смайлік вусны
паліць у выцяжку
твая далонь
у неісну́ючыя чаркі
нальле нясмачнага кагору
маўчаць
і думаць пра цябе
твой сьмех
як лыжка з мэльхіёру
ізноў наноў пазноўна ўзнова
сызноў ізноўку абудзён
зьнянацку анягожчы зноў жа
узноў пазноў няспынны сон
ідзі
застанься
прэч
пастой
правалівай
ня трэба драмы
я се́рфіцьму аднойчы
неўспадзеў
мне вочы зрэжуць
твае выцьвілыя інстаграмы

СТОграмы (2013)

большасьць людзей – нецікавыя кніжкі
іх непрыемна гарта́ць і чытаць
з аднолькавай вокладкай: шэрай і бруднай
друкуюцца тонамі – што ж зь іх узяць?

(2013)

мы стаім на пэроне
чакаем цягнік
сьціскаем квіткі і валізкі
у вачох безнадзея на лепшую долю
бо сьвет гэты надта ня блізкі

ўсе чакаюць яго
хоць нам і здаецца
што ён ня прыйдзе ніколі
вельмі доўга і нудна стаялі ў чарзе
і мроілі толькі аб волі

мы зьбіраліся ў шлях
рыхтаваліся добра
не забылі ніводнае рэчы
але вось ужо ноч
і хочацца спаць
еіны подых лягае на плечы

мы шукалі свабоду
як быццам яна
можа даць нам каштоўнае нешта
замест гэтага ў касе
здаем наш квіток
– Пачакайце! Вось вашая рэшта!

ВІДАСОН (2015)

– Ці можна мне стаць вашым фрэндам
на месяц, на тыдзень, на год?
Я буду рэтвіціць і лайкаць,
вашыя трэкі качаць на айпод,

я пісáцьму вам добрыя словы
і заўсіоды трымаць вас наўмé...
(на'т старонку маю не прагледзіш)
– Не, ня трэба, ня варта, лепш не.

ПЕТ (2015)

мы палілі з табоі у кавярні
цыгарэту – адну на дваіх
і глядзелі праз вочы завулкаў
на іней што біў дрэвы пад дых

твае губы яе цалавалі
мае рукі сьціскалі яе
а зацяжкі разьбілі люстэрак –
мы з табоі патанулі ўва мле

па чарзе мы як зда́нкі маўчалі
белазоры жужме́ліўся дым
мы скурылі бясчу́р цыгарэтак
і паішлі – кожны шляхам сваім...

языком я крануў свае вусны:
цыгарэты пакінулі смак –
акрамосьсе сваіх успамінаў
ты ня здолеў спаліць аніяк

АГОНЬЧЫК (2015)

сэлфі старэюць хутчэі за людзеі
іх жыцьціо імчыць фотаптýшкаі
як кампор у вадý златабля́скам яно
марскане́ ў небе шпанскаю мушкаі

агнявокія здымкі, гнїоныя крэслы
людзі-калібры, сэрца-балíд
голас надзор'я грознапава́бна
ў не́марач кліча сваіх аонід

вецер заложна шуміць іскразьзяны
ночкаі на ма́рнікаў цісьне лазу́р
абаўрэлі даўно ўсе твае фотака́рдкі
на якіх я пісаў „*pour toujours*"

ЗВОДЫ (2020)

бясконцыя няўдзячныя дажджы
змываюць вуліцы машыны і людзеі
нязвыкласьць неўсьвядомленых падзеі
сам-насам застаесься толькі ты

адзін, нікому непатрэбны ў хаце
глядзіш і думаеш ці проста тупа сьпіш
ціхенька назіраеш і маўчыш
аб незьлічоным чалавечым небаспадзе

НЯСЬПЕЛЫЯ СЛОВЫ (2016)

нехта выкінуў праз неба
мёртвых зорак вадаспад
аблакé дзюрчáць бязьмéтна
засталося нас ня шмат

мы апошні стол накрыем
аскаліопачкі зьбярęм
ворля вочкі па кубáрках
жалкавáць пад Ар.і.Эм.

да ахоты есьці гронкі
выпіць вéрасьнік унéт
у сулéях – атрамáнты
ў заканýрках – *міньюэт*

сёньня ноччу шаргаломы,
нáвісь белая, прарої
і вятох схаваўся ў ворак
я крычу табе: „Пастої!"

...пахаваць пад асфадęлем
зсыпаць мак у в'аканон
а назаўтра першым чынам
дзьвé рукі даць на адціон

УМАЛЇОГ (2018)

сэрцы камяньоў ня сыпяць
і блукаюць у міжмор'ї
мёртвых думак цішыня
кіпцюрамі рве паўскроні

восьні кніжаць над узнорам
бы пялёсткі наўспамінаў
понускам шуга́е пломя
я асклёў бяз даї прычынаў

ці́жма сьне́жаных пачуцьцяў
роскваль хві́лія і склюды
не́зір крочу тёї сьцягою
моі шпацыр ідзе ў нікуды

АКРОПНАСЬЦЬ (2017)

мы паміраем шмат разоў
нібыта вечныя істоты
падчас карцечы шэрых дзён
і вечаровае гідоты

магчыма я табе прысьніўся
а можа ты прымроіў сам
цягнік што цягне ноч дадому
апла́ўны дождж і скрыгат пам

стары́ з румянцам за шчакой
пакраў зь сьляпога неба зоркі
маліліся на абразе
ўсе сюрпрызїорныя вавёркі

на ногі апранае восень
брыгада волкіх крумкачоў
скамечаная цеплыня дазье́ду:
на шчэнт, ганчэї, заімаздароў

СПАГОНЧЫВАЯ ВЫСПА ДЭ КЕРГЛЕ́Н (2020)

я разьліў сьмятану
бо ж я рукажёп
мяне ніхто ня любіць
нават сам пан Бог
а мо' ён і кахае
толькі я тупẹї
ды не заўважаю
яго сівых вачẹї
аддаўна́ галоступкам
ён бяжыць за мної
а я стаю на месцы
пад заліўны палої

НЕБАСЛОЎ (2018)

ўсё жыцьцё я зьбіраў камяні́
бо лічыў што ў іх ёсьць глыбіня́
размаўляў зь імі быццам з жывымі
але ў іх няма Ni Hua

увесь час я зьбіраў валуны́
і шукаў у іх кроплі жыцьця
зазіраў у бясхатныя вочы
але ў іх няма Ni Hua

дзень і ноч я зьбіраў брукаўцы́
мне здавалася ў іх ёсьць душа
разглядаў іхні збыт разнамётны
але ў іх няма Ni Hua

гэта проста адсẹнсу. дарẹм.
не ўтаймоўваецца зьверына́.
не кладзі камяньоў у кішẹнь –
праглыне́ марных кроз тапіна́

NI HUA* (2023)

---
*Ni Hua (н. 1983) – кітайскі гросмайстар.

ніхто ня бачыць нашы сны –
раптоўных кветак цішыні
мяне з сабою загарні
звані ва ўсе свае званы

заіздросьцяць хаі шулікуны́
іх вочы – бытта камяні
ляціць за намі рэхам „Плі!"
ва ўлоньне зьюрганаі труны

на ты́рсу кі́даі караны́ –
распальваі жарсьці і агні
і як заўсі́оды падмані
з табою я – а не яны

СЬНЕ́ЖН (2018)

хутка будзе навальніца
белы цьвет спужае гром
і зямля ўся скаланецца
ад маланак за юкном

а пасьля надыдзе сонца
дасьць сьвятло на дзідзе ўсім
праз нямытыя вакенцы
справядлівы Элахім

будзе біць паганцаў моцна
за бязьвер'е перуном
ды грымотамі бясконца
дрогаць наш прагнілы дом

нас паре́жуць бліскавіцы
ле́я змые ўсіх зусім
новы сьвет ужо і́мчыцца
мы ж растаем быццам дым

ПРОБЫТ (2023)

йоры чалавек ідзе па сьцежцы
шпацыруе як-гіпапатам
больш няма ні люсу, ні сумленьня
ён гатовы выпіць дзьвесьце грам

спадзяецца, верыць і імкнецца
шлях трымае ўзімку да вясны
і вялікім капюшонам пазяхае
ўсім хто ідзе насустрач да труны

бо няма ні болю, ні сумненьняў
пад нагамі сьнег сьпявае гімн
крочыць ён праз лета цераз восень
у кішэні сьпіць аброжка-нібм

ён ня ведае нічога і нікога
да дзясятае працуе „Еўраопт"
як заўжды спазьніцца на хвілінку
сэрцам скажа шчырае „ну, ёпт!"

ШПАЦЫРУЛЬКА (2019)

шантанная Ноч парэзала зоркі
кінула ў сьметніцу люс свої прагорклы
воды маўчаньня сухімі глыткамі
самгнула ў в'атаве нямымі званкамі

неба гарнаткі, зламаныя словы
мёртвыя птушкі сьпяваюць псаломы
няроўная праўда, распальваньне міру
муфель сустрэў анунакаў зь Нібіру

вэлень, панцюзо, вэржэ, катэрыя
аїсаргі згвалцяць уласнага Вія
мароз абабраўся, абгініўся ром
Ноч пабудзілі аб'ёжлівым сном

КРАІНА ВЕЧНАЇ ЧОРНАЇ Х(М)АРЫ (2020)

да нас прыходзе толькі мэ́йлер-дэ́йман
зьнік магнэс
і зсох сіндэтыкон
зноў зіма змалюе
падсьнежныя кілі́мы
будзем складваць тыдні
у шаронг
нясьцерпны боль смугою вочы сьцє́ле
па-над сту́дняй рыпае асьвёр
сьцягі́ з кашуляў зробленыя куляі́
акса́м надзеяў цє́перся ўжо зьмерк
додніца́й пачнецца наш сутонак
навіху́рыць гу́рбы сьнегу ля платоў
замяце
закруціць
і расча́віць...
нё ж бясконцым будзе гэта шоу?
клопатам ацятыя мы зброснем
як сьцяга́ч
нясем сваіо вязьмо
кінула нас неба
і забыла...
заўжды перамагае толькі зло

MAILER-DÆMON (2020)

на жаль у гэтым лядскім сьвеце
усіо пабудавана так
што толькі ўласнаю крывіою
мы здабываем да свабоды шлях

(2014)

...зачыніліся дзьверы
ў чорна-белыя сны
праз бяздомныя ночы
шты́рнік гоніць плыты...

(2018)

Ноч нацягнула наме́тку на вочы
ціха плача аб нечым сваім
бу́рнацéчныя сьлёзы як ра́тнікі сьнéньня
непрыкмéчаныя нікім

мрокам прыціснуць намоцна ўсе шыбы
сму́жна-сінюю бéзьлюдзь і тлень
гу́чнабéжная Ноч залатымі расьцёкама
вее сьці́шную летуцень

га́рдая Ноч пазьбірае атру́скі
льле ў кандзéйку з квяту́рак віно
з падаблоччa за її назірае маўкліва
неакра́енае багно

УБРУ́С-УРАБОРАС (2021)

няма нічога больш азорнага за ружу
больш спанара́ўнай, красна́й кветкі за яе
пана́длівая, пéкная расьліна
наі́-гожая, '-паглядная за ўсе

прыгажавітая – ня ведае адхла́ньняў
як вогер па вадзе яе прыва́б
ніхто ня можа быць больш харашма́ным
ні дыямáнты не хару́шч і ні ядва́б

ірдлівыя падку́сы-нашатырќі
усі́хняе заўгольнае хлусьні
і кéплі дру́зяцца на пыл – яны зьнікаюць
бо за́сьцень не ўратуе і́вірні

лялéя, боўлік, гу́ска і капéля
адноі́чы ноччы праглыне і іх бурля́н
а ружа застанецца назаўсі́оды
сама сабе збудуе свої гурдáн

WARDĀ (2023)

гэта ноч бязьлетных зданкаў
чорна-белае кіно
мы згулялі нашы ролі
я – ніхтосьці, ты – ніхто

мы ішлі і абцямнелі
год-у-год цьвіце бур'ö
і ня вінен анічога
анікому аніхто

сьлямазарныя баюры
панявéрка і красько
паўпрамоўленыя словы
ты – ня штосьці, я – нішто

ВОТМУТ (2022)

мы з табой – кладзьбішчанскія розы
нас расьцілі толькі каб прадаць
мы ляжым глухім напамінаньнем
што ваша ўрэмя павярнулась ўсьпяць

як сьляпое атражэньне вашай жызьні
на магільных плітах ўём вянок
жэртвы вашых тшчэтных прынашэній
лампадкамі матаем новы срок

ноччу нас ласкаюць небам зьвёзды
дожджык льець на нас свой апероль
мы з табой – цьвятушчы як гербарый
гэта доля – лучшая із доль

ЗАБОР КРОВІ (2022)

сьцішна ўночы
стыль і нéгадзь
вокідзь – сьвету не відаць
і на сэрцы вельмі горна
праз імшáры ўéцца гаць
там вадá нагдáў зашэрхла
дзе вішýе сенажаць
золка
вéдрана
тумáні
мы ляцім лазуркавáць
сон аморыць вас як бросьня
хмýркі ў небе сімацяць
абваўхвілі жывасілам
лікадзён на лічбе 5
нéмасьць
зыркасьць
і плюхота
змрочча
мут
навéі
тускнота
дрэма
жуд
мыглá
згінота
шáрга
смýтак
адзінота
мы – начніцы* ў закарвáшках
жáждыя на анцімоны
мы глядзім на вас праз юстра
і прыдумваем вам коны

ЛÖЗНАЯ КÁРТА (2022)

---

*Начніцы – міфічныя істоты, якія лётаюць па начох, глядзяць на чалавека праз люстэрка [„юстра"] і прыдумваюць яму лёс [„кон"].

прыгожыя на сайтах не сядзяць
на цьвінтары́ цьвінта́рыць цьвінтарꝰя
у шлях цэнта́ўраў кліча даляглядзь
ляціць як маргавіца іх гарꝰя

яны імчацца з сайтаў наўскапы́т
задалягодзь ускінуўшы пальтоны
цябе з сабой ня возьмуць у нябыт
прычынаў для адмовы – хруктыльёны

усе хто здолеў – зьбеглі краі-на-краі
завілава́тасьць словаў і штука́рства
цынта́ўрыяў цьвінта́рных не зьбіраі
няма табе дарогі ў гэта царства

КРОЎ І ГЛІ́ТАР (2023)

лямпа дагарае
хутка зьнікне сьвятло
мёртвая краіна
выжыве і безь яго

дзень разбурае ноч
цкуе́ць яе цкуя́мі
ноч створа новы дзень
ён будзе просран намі

пе́рачы здавалася:
гадзіньнік не ідзе;
сёньнячы ўжо ведаем –
дзюпа́рты' яны ўсе…

неўкач небасхільны
нэонны нэфілім
паўзу не націснуў:
бясконцы фільм глядзім…

АСЯЧꝰНЬНЕ (2024)

засму́чанасьць
туга́
маркота
журлівасьць
сум
журба́
самота
змарцьве́ньне
скру́ха і журбота
жаль
смутак
жа́льба ды тускнота
кручы́на
засмучэ́ньне ды маркотнасьць
скарбота
засмучонасьць і журботнасьць

ТУ́ЖБА (2023)

сёньня вецер касьміровы дзьмець адсу́праці
мы сустрэ́ліся з табої на-не-заўсїоды
сонца вуснамі цалуе нас бурдовымі
і ліюцца словы горкія як мёды

закурэ́ўся камянок – ляжыць адсьце́нь
без адлы́гу мы хапаемся паветра
мне ня трэ' ніякіх їншых ухаплень
а табе заўжды патрэ́бная салетра

нам чамусьці не хапае неїкаї дробязі
на ачосы замінае быццам штосьць
цінянїохаюцца вокнамі пасьціта́чкі
бо каханьня варта толькі прыгажосьць

ВЕЛЬЛЯ (2024)

скутугі́н ідзе на блоньне
нам ня добрыцца зусім
рачанцы́ яшчэ ня выйшлі
у кішэ́ні – Super Slim

арасёлы і бахма́ты
пошум асяча́е лёнд
пакрыі́ома мураве́е
наш тупы́ эу́архо́нт

быццам пожаркі на лёдзе
мы чакаем на адля́ж
нам ніколі не тала́ніць
бо заўсїоды баш на баш

тропы стогнуць праз узьнїоткі
рэ́і вядзе піля́вы зыр
хтосьці марыць пра Краі́ну
большасьць – толькі пра пламбір

ВЫСЬЦІ́ГІ (2024)

Аэ́да, Мнэ́ма і Мэлэ́та
забылі Тэльксіною і Арху́,
калі агністані́тныя вярозы
зьбіралі ў лёндрык на сваі́м масьлю́навым шляху́.
Надзеі́, мрої́, мары, думкі –
яны рупліва кла́лі ў тэфілі́н;
у за́расьніку зьвя́лых асьпі́дыстраў
іх напужаў тады яшчэ бязьдзетны Хоакі́н.
Сабра́лі ўсїо, на што хапіла сілаў –
астатняе зьбяруць наступны раз.
Задумкі, мроеньні і сны, ляту́нкі, крозы –
іх патапілі на рацэ Маа́с.
Знайшлі Арху́, а потым – Тэльксіною:
яны па лузе бесклапотна бегалі бяз ґэта –
і іх таксама кінулі ў балоты
Аэ́да, Мнэ́ма і Мэлэ́та.

АОНІ́ДЫ (2024)

Нябачны цень
празрысты здань
адсутны чалавек гуляе:
ня ведае
што ён тут ёсьць
і што яго няма́е
Які ўжо год
нам ад яго
ну аніякага пратону:
якéї партęс
яго шукаць
цягнуць у сьвет з адгону?
Нарęшце дождж
паїшоў туды
дзе пацьмаком лімéніць зьліва:
ды толькі Неба
не ўзышло:
ня та́я тонкасьць мліва
Гарęў як зьніч
ды зорыў ноч
і дрыгатлі́выя зарніцы
Ён не прызнаў
віну сваїої
але хадзіў як ніцы
Над'зорны лїос
яму́ віе́
нібыта та́льку з матавіла:
дарęмна
бо жыцьцїо яго
ў свае сілкі злавіла

ДЗІВА СІЛ (2023)

ледзякí папрыбірáлі гзымс
тэ́нісныя мячыкі сусьвету
у люстэ́рку задняга агляд’
я як быццам зáсьціл* з сацінэ́ту

ці глядзіцца хоць хто-нехта ў гэта люстра?
ці ж заўвáжыць хтось ашклéлую смугý?
бо ніхто ня будзе памятаць імïоны
я ня спаў – таму прачнуцца не змагу

на сьцяне вато** вісеў Вато***
а на ю́кнах – тýлі і тумáні
ды буботка ружы расьцьвілá
а ў талерцы – джогія тэïгáні

бо імгá жыве сярод жывых як пры́скі
мітушы́цца што крылáнкі навясьнé
бачыць толькі тое што нябачна
і трымае малазорных на ланé

МÁРЫВА   (2023)

...Мінéцца жáрсьці час, надыдзе вечар сьцюжаў,
старое ўсё аддýмаецца і сканае;
і нáглуха рубцы зацягнуцца на ранах
зь іх стоенаï гаркотаï, што агньом згасае...

                                                                                       (2023)

---

*Зáсьціл, смугá, імгá, мáрыва – sfumato (дымка, імглá).
**Вато – нядаўна.
***Жан-Антуан Вато (1684–1721) – знакаміты французкі мастак, прадстаўнік стылю ракако.

WACE (1110/15–1174/83)

Tote rien se torne en déclin,
Tot chiet, tot muert, tot vait à fin:
Hom muert, fer use, fust porrist,
Tur font, mur chiet, rose flaistrit;
Cheval tresbuche, drap viésist:
Tote ovre fet od mainz périst;
Bien entenz è conoiz è sai,
Ke tuit morront è cler è lai;
E mult ara lor renomée
Emprez lor mort corte durée;
Se par cler ne est mise en livre,
Ne pot par el durer ne vivre.

ВАС*

Усе і ўсё ідзе да заняпаду,
І сьмерць – мяжа людскога далягляду.
Ржавее меч, а дрэва спарахнее,
Падзе сьцяна, ды ружа памарнее,
Сканае конь, і збруя састарэе,
Усё рукамі зробленае – стлее.
Вядома, што ўсе людзі паміраюць:
І добрыя, і дрэнныя – згасаюць.
Любога чалавека забываюць,
Калі пасьля таго, як адсьпяваюць,
Ня знойдзецца манах у чорнай рызе,
Які яго жыцьціо запіша ў кнізе.

(2023)

---
*Пераклад з старанармандскае.

LUIS DE GÓNGORA Y ARGOTE (1561–1627)

Desnudo el joven,
cuando ya el vestido
océano ha bebido,
restituir le hace a las arenas;
y al sol le extiende luego
que, lamiéndole apenas,
su dulce lengua de templado fuego
lento le embiste y con suave estilo
la menor onda chupa al menor hilo

ЛУІС ДЭ ГОНГАРА-І-АРГОТЭ*

Юнак агаліўся:
Адзеньнем выпітае мора
Сьцякае на пясок бадзёра.
Сваю адзежу ён на сонцы разьсьцілае –
Яно тараніць вопратку паволі,
Яе сваім салодкім языком кранае.
Агньом умеркава́ным як ніколі
З драбнюткай кожнай ніткі сонца сьсе
Драбнюткіх хваляў кроплі пакрысе.

(2023)

---

*Пераклад з гішпанскае.

JIMMY SCOTT (1925–2014) – SYCAMORE TREES

I got idea man
You take me for a walk
Under the sycamore trees
The dark trees that blow, baby
In the dark trees that blow
And I'll see you
And you'll see me
And I'll see you in the branches that blow
In the breeze
I'll see you in the trees
Under the sycamore trees

ДЖЫМІ СКОТ – СІКАМОРЫ*

Ёсьць у мяне адна думка:
вазьмі мяне з сабой прагуляцца
пад сікаморамі –
у засені дрэваў, аздобленых квеценьню.
Сярод ценяў квітнеючых дрэваў
я пабачу цябе,
а ты пабачыш мяне.
І я пабачу цябе ў галінках, спаміж якіх
гуляе вецер.
Я пабачу цябе ля дрэваў
пад сікаморамі

(2023)

---

*Пераклад з ангельскае.

ARTHUR RIMBAUD (1854-1891) – LE DORMEUR DU VAL

C'est un trou de verdure où chante une rivière
Accrochant follement aux herbes des haillons
D'argent ; où le soleil, de la montagne fière,
Luit : c'est un petit val qui mousse de rayons.

Un soldat jeune, bouche ouverte, tête nue,
Et la nuque baignant dans le frais cresson bleu,
Dort ; il est étendu dans l'herbe sous la nue,
Pâle dans son lit vert où la lumière pleut.

Les pieds dans les glaïeuls, il dort. Souriant comme
Sourirait un enfant malade, il fait un somme :
Nature, berce-le chaudement : il a froid.

Les parfums ne font pas frissonner sa narine ;
Il dort dans le soleil, la main sur sa poitrine
Tranquille. Il a deux trous rouges au côté droit.

АРЦЮР РЭМБО – ЗАСНУ́ЛЫ Ў ЛАГЧЫНЕ*

Праз дзіркі ў зеляніне бруіцца сьпеў ракі,
якая б'ецца ў траваў срэ́бныя анучы
шалёна; сонца льецца як дождж ва ўсі бакі
з грудка́: ў лагчыне пеніцца прамень пякучы.

Адкрыты рот, бяз ке́пі, жаўнерык малады;
зану́раны ў траве спрэ́с сьвежаі і блакітнаі,
ён сьпіць; у ложку зь лісьця пад хмаркамі, бляды́;
сьвятло струменіцца імжою акавітнаі.

У ме́чніках нагамі, сьпіць; праз сон няёмка
сьвіціцца ўсьмешка быццам хворага дзіцёнка.
Зямля, сагрэ́і яго: бо ж ён зусім амя́г.

Шал вохнасьці ягоным ноздрам не вядомы;
азглеў на сонцы, ціхамірна нерухомы
ён сьпіць. Дзьве дзіркі пунсавеюць на грудзях.

(2023)

---
*Пераклад з францускае.

ERNST JANDL (1925–2000) – SCHTZNGRMM

schtzngrmm
schtzngrmm
t-t-t-t
t-t-t-t
grrrmmmmm
t-t-t-t
s---------c---------h
tzngrmm
tzngrmm
tzngrmm
grrrmmmmm
schtzn
schtzn
t-t-t-t
t-t-t-t
schtzngrmm
schtzngrmm
tsssssssssssssss
grrt
grrrrrt
grrrrrrrrrt
scht
scht
t-t-t-t-t-t-t-t-t-t
scht
tzngrmm
tzngrmm
t-t-t-t-t-t-t-t-t-t
scht
scht
scht
scht
scht
grrrrrrrrrrrrrrrrrrrrrrrrrrrrrrr
t-tt

ЭРНСТ ЯНДЛЬ – АОЫІЭЯЯ*

аоыіэяя
аоыіэяя
й-й-й-й
й-й-й-й
іэээяяяя
й-й-й-й
у---------е---------ь
оыіэяя
оыіэяя
оыіэяя
іэээяяяя
аоы
аоы
й-й-й-й
й-й-й-й
аоыіэяя
аоыіэяя
йуууууууууууууу
іээй
іэээээй
іэээээээээй
ай
ай
й-й-й-й-й-й-й-й-й-й
ай
оыіэяя
оыіэяя
й-й-й-й-й-й-й-й-й-й
ай
ай
ай
ай
ай
іээээээээээээээээээээээээээээ
й-йй

(2023)

---
*Пераклад зь нямецкае.

EIŽENS VĒVERIS (1899–1976)

Gan rūpju dienas,
Gan saules rīts,
Viss, viss guļ
Klusi zemē tīts

і дні турботаў
і сонечныя раньні
ўсïo ціха-ціха ў
зямлі абдымках сьпіць

Skaudrā liesma neapdzisīs,
Degs un degs un naktis gaismos,
Un tādas aizmirstības,
Kura spētu Tevi aiznest.

разьюшанае полымя ня згасьне
гарэцьме ўдзень і ўночы на дварэ
але раптоўна забыцьцё надыдзе
ї цябе з сабою ўсïo-ткі забярэ

ЭЙЖЭН ВЕВЭРЫС – ЭПІТАФІІ* (2023)

---
*Пераклад з латыскае.

WILLIAM BLAKE (1757–1827)

To see a World in a Grain of Sand
And a Heaven in a Wild Flower,
Hold Infinity in the palm of your hand
And Eternity in an hour.

ВІЛЬЯМ БЛЭЙК*

разгледзець Сьвет у кожнае пясчынцы
трымаючы ў далонях Бесканечнасьць
заўважыць Неба ў палявой травінцы
і ў кожнае хвіліне бачыць Вечнасьць

(2023)

зоркі падаюць зь неба
і ляцяць на зямлю
ра́зьне кожная шэпча:
„Я цябе не люблю!“

аяїокаюць вопса:
„Ідзі прэч ад мяне!“
у вачах кожнаі зоркі
абыночнае „Не!“

ГМУР

(2024)

---
*Пераклад з ангельскае.

...маленькія каменьчыкі
цяклі з вачэй тваіх...

ANNEX

I wanna tell U a grievous tale,
When I recall it I turn pale.
'T 'appen'd in a wild vill,
I'll ne'er 4get it, I promise, I will.
In the mornin' at 10 o'clock
We were cuttin' a bit o' pork.
The pig was bleedin', 't e'en crew,
'Twas yelpin' like I ne'er knew.
We didn't wanna C its tears,
'Cos we weren't the volunteers.
But we 'ad 2 do this job,
As were observ'd by a vile cop.
The swine's corpus nastly smelt,
Ne'ertheless I pity th' yelt.
We 'ad 2 contemplate a dog,
Who was windin' 'round the 'og.
We'd ne'er dun this kind o' thin's,
We took upon ourselves the sins.
So since the end o' awful work
We've been prayin' in the kirk.
But meat was tasty, 'twas alright,
I'LL KILL ANOTHER PIG 2NIGHT!

ODE 2 MY PIG (1994)

Now I am tired I'm alone
I've spent my life inside the phone
When people were talking there
I overheard—they didn't lay me bare
The men were clever and naïve
The most before the Christmas eve
I heard a lot of useful things
But I've got no use which it brings
I have no money, got no friend
My life's an idol I must fend
And I don't care what they think
I'll do these things, I do not kink

PHONEMAN (1995)

I'm a wide open street melting into thin air
Close your eyes and you'll see the beamy kerbs I bear
The dusty handsome trottoir, my interrex-interrer,
Will embrace you like a carr and halt your vain error
You'll be my living hallows, I'll make you sing hallel
I'll pick your viscous halos—they'll vitiate my swail

You'd better damp your ardour, I'll hardly set you free
Don't be like half-and-halfer and show me all your gree
It's me you can't vie with, I know when you profess
So, genuflect! On knees, defendant of finess!
High time you said adieu, stopped exorcism profaned
Your future is finew, your lot is endless plaint

I'm a deep immense street, an unbounded clough
Break my heart and you'll feel—I'm impassioned with ...

I'M A STREET (1995)

I did receive your letter
just nothing—I did read it
I saw your eyes were shotten
they didn't say a word
you sent a strange picture
its yellow-snow was rotten
your laughing beard smiled
and cut me like a sword
I smelt your paper nostrils
and felt your mingled ire
but in the morning moonlight
I only understood
just nothing—I was dreaming
the night was full of soapstuds
it happens all the time
awakening is rude

(2003)

The amassement of the slow-paced hours
amates amain thy quietude
and the amability of the caliginous minutes
belauds divinely thy eyne which bedewed.
The enshield ennui bedazzles them
when all thy hopes have gone awry
and catharizes all the thoughts
which have enmossed and hid in the tholi.
I say the hiant baragouin,
but it is thriveless, because thou art sublime.
So only the religieuses of thy lust
rekindle hopes which lie under the rime.
Therefore through the slits of thy ears
thou hear the men who art eager for the relevé,
there is a multitude of the yearnful people
where every man is ennuyé.
This frustrated crowd is thronging round thy gates,
stirs passions up, making thee dizzy.
I think thou'd like to be a sovereign of thy luscious lurking-place
where Lure is thy queen, but 'tis not easy...

C'EST DU RÉCHAUFFÉ (1995)

will you miss me
strange question
blank coffee at the airport
in Paris—would've kissed each other
in Canada—we'd rather not
your flight—high time—must be going
you're smiling—customs—you are gone
I'm thirty—thirsty one—I'm forty
I'm crazy—funny—I am none
tomorrow we'll forget about it
like crossing tortuous windowstill
preposterous and always deadly
my eyes are murmuring
I will

(2003)

A very little spider stamps trails in my back
His web is growing wider but I do jump the track
I toss and turn and shout but still can't get rid of
He clicks his heels aloud and sucks blood like compôte
Like slugs he leaves his slime, my palms are filled with threads
I can't commit a crime and take him off my head
His charming eyes are open, he's not fed to the teeth
My tony life is broken—no longer I will breathe
And there's not a remedy for such a cruel creature
He coos an idyll melody, he's talking like a preacher
At least his job is finished, I'm deep in his cocoon
I think he must be punished—my blood will kill him soon

HE COOS SO SWEET (1996)

You're mizzling over my head,
On my soggy dreams' sail blowing,
You're touching my thoughts' antennae,
And taking my angor away

Could you sit for a while with me,
Can't you see that my seat's always vacant,
Would you bring me some candies at Easter,
Please, pluck bushes out of my clay

If you want, I'll be an adviser,
If you don't, I shall silently lie,
If you wish, I'll be rosily toying,
If you order, I'll constantly chide

But he doesn't need any of it.
Running dusk gives no kisses of life.
Among biers, crosses, and graves,
The wind only wants to pipe

THE WIND ONLY WANTS TO PIPE* (2003)

*My translation of one of my Belarusan poems.

There lived a girl in days of yore
A daintier lass there'll be no more
The most endowed in the vill
She had been doomed. A wicked will
Was laid on her right from the birth
And here's the essence of her curse:
Her lot was dreadful—she was blind
Why fate to her was so unkind?
If she would love some gallant Knight
There'd come a change in her eye-sight
Her vision then she would regain
Celestial eyes could shine again

He was an heir of a king
Who ruled the city of Llyn Dyn
The riches vast he had galore
His crown with weariness he bore
His ears deaf, his mouth mute
He was possessed. A pain acute
Tormented him for 20 years
He had to overcome his tears
He had to find a tender maid
So that their love would never fade

It came to pass that they got married
And all their miseries were buried
He spoke and heard, his wife could see
A mother soon she had to be
There was a day when in the morn
There was no sun. A son was born

Lament! Oh, Grief! Misfortune's numb!
The boy's both blind and deaf-and-dumb!

LOVE AND SACRIFICE* (1996)

---

*O.A. and A.B.

We shalt never discover who hath written this
The letter's author's name hath sunk into abyss
He wrote to his belov'd in his last billet-doux:
"Our mere love's the thing I won't take the rue
But now I must admit—I have become vermeil
And my worn-out soul wilt pass beyond the veil"
He wrote to his adorable how much in love he'd been
Before he found out Chrysanthemum of King
Once love-lorn King desired to plant a wily flower
A man who scents its smell is Master of the Hour
And there's not a man who'd stand 'back from His powers
No-one can find the sconce—He sees the thoughts of ours
But Master's days art short, He hathn't time to chortle
For three days He is God, but He is not immortal
So after three days pass He hath to go for naught
The poor author'd done the thing he'd better not
He became this Master, he saw her real face
His lover's sham and perfidy made him feel abased
But he did love his mistress, for him she was the one
He wrote to her: "I love you—no matter what you've done"
His lover didn't answer, she married the next day
The author'd not been burried since he turned the clay
So thank you, love-lorn King
When Lust blinds lovers' eyne
Make them smell Chrysanthemum
And not to love in vain

CHRYSANTHEMUM OF KING (1996)

I'm suffering anguish from your callous words
Enshrined in my mind they will not ensear
Enshrouded in darkness, reminding of you
I hope with the morn they still will be here

(1996)

Guttorm did want to kill Seegood,
She was a volur from the wood,
Guttorm was slack, he never fought,
But he was wise, 'cause he was taught.
Nobody knew why he was sad,
Why his intentions were bad,
Why he did long to kill Seegood—
She didn't have a crazy mood.
The other days he found the way
To take his sadness faraway:
Guttorm bewitch'd enchantress' food
That must be eaten by Seegood.
The first course was St Carrion Worm,
Who was a boy-friend of Guttorm;
The second one was sugared fish
And all the courses meant a wish.
But thank you God, it was Gudroon,
Who led his life under the Moon,
He cautioned her against this meal,
In turn she gave him Magic Wheel.
Guttorm was caught and he was punished,
Since then his Dutchy never flourished;
Remember it! The moral is:
If you're bad, you're brought to knees.

VOLESOONG SAGA (1995)

They call them Sunday people. They live in the subway trains. Entering a car, you notice them first—they are occupying the most convenient seats. They have slews of things to do, and they are doing nothing. Sometimes they have an umbrella. Nobody knows why they are called Sunday people, but if you look at their noses, you can see that they are getting sunburnt, they are burnt by the Sun, and therefore they are Sunday people. It is them who ride the last train late at night, and they are the first passengers early in the morning. They never drink coffee in a car, sometimes only instant tea in white shimmering plastic cups. You can see them all days of the week, but they are called Sunday people. If it is raining, their hair is wet but the raincoat is dry and clean. Sometimes they write something tiny in their tiny notebooks, holding tiny pencils in their tiny hands. They know all names of all the stations and they help people with bikes. If it is a woman, she can eat an apple, hiding her ears under a gigantic woollen hat. You will hardly see them entering a car, but when it is your station, they will leave the train together with you, and you will never see them again, they will disappear on the platform.

SUNDAY PEOPLE (2003)

на мярцьвяцкі блакітнай сьцяне
чорта абрысы сьмяяліся мне